LE
PARNASSE
DES POETES FRANCOIS

M·ODERNES, CONTENANT LEVRS
plus riches & graues Sentences, Diſcours,
Deſcriptions, & doctes enſeignemens,

Recueillies par feu Gilles
Corrozet Pariſien.

PRVDENTIS · REQVIESCIT
CORDE · SAPIENTIA IN

A PARIS,

En la grande ſalle du Palais, en la boutique
de Galiot Corrozet, ioignant
les Conſultations.

1571.

Auec priuilege du Roy.

G. CORROZET,

Aux Poëtes François

PRenez en bonne part (diuins esprits) si vous trouuez voz sacrez vers & sentences en ce petit recueil : & ne vous irritez contre moy pour vous auoir derobé vne part des plus beaux & riches ioiaux de vos tresors, car ce que i'en ay fait n'a esté en l'intention de les cacher en terre, comme fait vn mauuais larrõ, mais pour les communiquer & departir à tous les amateurs des Muses & de Vertu, à celle fin que vous ayez l'hõneur que vous meritez à cent fois double plus que le larrecin ne monte. Ie n'en puis moins receuoir que le loier de mon labeur, & vous en receurez louenges immortelles en toute la posterité. Ie n'ay

* ij

voulu reſſembler ceux qui vont graper apres vendanges, & glaner apres les moiſſons: car i'ay pris du meilleur de vos biens, dont ie vous rend graces, comme i'y ſuis tenu. Quant à l'ordre, i'y euſſe bien procedé par autre moien que par lieux communs, comme de mettre chaſque Poëte à par ſoy, mais i'y apperceuoy d'vn coſté vne confuſion, & d'autre vne ialouzie d'honneur, de proceder. Auſſi ne trouuerez eſtrange ſi vous rencontrez des vers oſtez & ſincopez en quelques lieux, & des demy vers liez à autres, & quelquefois des demy vers adiouſtez du mien: car tout cela ay ie fait pour mieux lier & ioindre le ſens de la poëſie & des ſentences. Ie luy ay donné ce tiltre de Parnaſſe, pour la conformité qu'il a au Parnaſſe tant celebré pour l'habitation d'Appollon & des Muſes ſacrées, auquel lieu les Poëtes abreuuez des ondes d Hippocrene, chantoient diuinemɇ̈t leurs vers dediez à icelles. En cecy i'ay imité les Grecs & Latins, & ay releué de peine ceux qui curieusement desirent les excellents traits Poëtiques, & les sentences bien dites, n'y aiant rien mis du mien, sinon ce que i'ay dit, & les tiltres ou arguments des sentences: Viuez Poëtes sacrez, immortalisez voz noms, Chantez eternellement en ce Parnasse, & le grād Appollon tousiours viuant vous abreuuera d'vne viue source, laquelle s'espandra par l vniuers de siecle en siecle. A Dieu.

PLVS QVE MOINS.

SVR LE PARNASSE DE
GILLES CORROZET.

Ode par P. Tamisier.

1

Parmy les prez Hybleans,
  Ou aux iardins Hesperides
Dessus les fleurons humides
De la manne du Printans,
Les mesnageres auettes
Aians quitté leurs ruchetes
Ne succent tant de douceur,
Tant de miel & de saueur,
De Nectar, & d'Ambroisie
Au lieu le plus beau choisie,
Que Corrozet en ces vers
L'auez en l'eau de Pegase,
Et prins au mont de Parnasse
En seme par l'vniuers.

2

Car apres qu'il a gousté
Au champ sacré des Poëtes
Du bel email des fleurettes
La delicate bonté.

De cent douceurs ramassees
En vn seul corps entassees
Heureusement il produit
La fleur iointe auec le fruit,
Et sa langue emmiellee
Prenant vne force ailee
Verse les saintes faueurs
Prinses de l'heureuse troupe
Que sur la iumelle croupe
Abbreuent les sainctes seurs.

3

Qui voit le flambeau des cieux
Passer tout autre lumiere
Faisant au rond de la sphere
Semptiller ses petits yeux:
Où l'or qui hors de sa mine
Par vn long trauail s'affine
Exceder tous les metaux,
Prins & tirez des boyaux
De la grand mere Cybelle:
Qui voit la source eternelle
D'vn beau ruisseau cristallin
Aupres d'vne onde muette
Il peut voir sur tout poette
Ce recueil plus que diuin.

4

Recueil si bien ordonné.

Et d'vne main ſi ſongneuſe
Que la fame glorieuſe
Comme ſien nous l'a donné,
Et par les fils fait renaiſtre
Des peres l'ancien eſtre,
Tirant du gouffre d'oubly
Tel autheur qui aupres luy
N'euſt veu d'vne double vie
Sa façon eſtre ſuiuie,
Ains par l'iniure des ans
Eut enduré le rauage
Que fait l'ignorant orage
A la nef des plus ſçauans :
Auſſi ce docte labeur
Qui graue au fons de noſtre ame
Non la deuorante flamme
D'vn cupidon abuſeur,
Ains les fraſes les plus belles
Que l'inſtinct des neuf pucelles
Pour vn objet vertueux,
A faict deſcendre des cieux
Fera l'ouurier & l'ouurage
Renouueller d'aage en aage,
Et florir autant que ceux
Aux champs deſquels il moiſſonne
Le bel épy qui foiſonne
Sans crainte des enuieux :

GILLES CORROZET SVR
son recueil du Parnasse.

AV Parnasse terrestre Appolon & les muses
Chantoient iadis les vers sur la lire d'accord,
Qui viuent iusques cy en despit de la mort
Et du temps enuieux auec toutes ses ruses,
    D'vn son plus haut tonnant que mile cornemuses,
La Grece & l'Italie ont fait tout leur effort
De rechanter leurs vers aux champs, & sur le bort
Des ondes de Neptune,& des riuieres creuses
    En ce Parnasse cy tout d'honneur reuestu,
Les Poëtes françois y chantent la vertu,
La hautesse des Rois, & les façons humaines,
    Et tout autant de temps que ce ciecle sera
La trompe de Renom iamais ne cessera
De rechäter ces vers par monts par bois & plaines.

Plus que moins.

SONNET,
A la France.

TV as icy Helicon & Parnasse
Et des neuf sœurs tu as icy le val
Tu as icy la fontaine au cheual
Et Correz et pour vn second pegase
Tu oys icy Hippocrene qui iase
D'vn doux murmure, & d'vn corps liberal
Espuyse donc en ce diuin cristal
Mainte sentence & mainte docte Phrase.
Car c'est icy la Grotte de Meudon:
Mais qu'en aura l'autheur pour son guerdon?
Car toute peine est digne de salaire
Par luy tu as le cœur Aônien
Et par Ronsard le fils d'vn Roy Troyen
Les peux tu bien ingrate satisfaire?

Iaques Moysson.

LES NOMS DES POETES
Defquelz ont efté Recueillies les fen-
tences de ce liure.

Pierre de Ronfard, Vandomois
Ioachim du Bellay Angeuin
Ponthus de Thiard
Iean Anthoine de Baif
Eftienne Iodelle
Remy Belleau
Guillaume dez Autelz
Berard Girard Bourdelois
Iaques Greuin
Bonauenture des Periers
Loys des Mafures Tournifien
Nicolas Denifot, dit le Conte d'Alfinois
Iaques Pelletier du Mans
Iean Pafferat, Troien
Iean de la Perufe, Poiteuin
Marguerite Royne de Nauarre
Merlin ou Mellin de S. Gelais
Clement Marot de Cahors en Quercy
Le Seigneur de Borderie
L'Efleu Macault
Anthoine Herouet, dit la Maifon neuue
Hubert Philippe de Villiers.
Renaud prouenceal
Gabriel Bounin
Iaques Pineton
Iaques Amiot
Iaques Tahureau, du Mans.
Laurens de la Grauiere

Eftienne du Tronchet
Pierre d'Origni
Iean Vezou
Girard Corlieu d'Angoulefme.

Nous foufignez Docteurs en la faculté de
Theologie à Paris certifions auoir entierement
leu vn liure intitulé le Parnaffe des Poëtes Frã-
çois, contenant leurs plus riches & graues fen-
tences, difcours & doctes enfeignemés recueil-
liz par feu Gilles Corrozet, où n'auons trouué
chofe qui deroge ou repugne à la foy & religió
Catholique & Romaine: ains tout eftre digne
d'eftre leu, receu & remarqué. En confirmatió
de quoy auons icy foufigné, le vingt & troifief-
me iour de ce mois de May, 1571.

signè   CHARRON,

TRONQVET.

PRIVILEGE

CHARLES par la grace de dieu Roy de
France A noz amez & feaulx conſeillers les
gens tenans noz courtz de parlement Preuoſt
de Paris Seneſchal de Lion & a tous noz autres
Iuſticiers & officiers ſalut & dileƈtion. Receue
auons l'humble ſuplicatiõ de noſtre bien aymé
Galiot Corrozet marchant libraire de Paris
Cõtenant qu'il a recouuré vng liure Intitulé
Lé Parnaſſe des Poëtes François modernes Cõtenant leurs plus Riches & Graues ſentences
diſcours deſcriptions & doƈtes enſeignemens.
Recueilly par Feu Gilles Corrozet qui a eſté veu
& viſité par deux doƈteurs en la faculté de theo
logie de l'vniuerſité de Paris & par eux approu-
ué & receu. Lequel liure Il feroit volontiers imprimer & expoſer en vente. Mais il doubte que
apres ſaditte impreſſion autre que luy le voulſiſ-
ſent ſemblablement Imprimer ou faire Imprimer & expoſer en vente. Et par ce moyen fru-
ſtrer & priuer le ſuppliant de ſes labeurs fraiz
& miſes s'il n'auoit ſur ce noz Lettres de prouiſi-
on humblement requerant icelles. Pour ces
cauſes. Auons audit Galiot Corrozet permis &
oƈtroyé permettons & oƈtroyons de grace ſpe-
cialle par ces preſentes de Imprimer ou faire Im
primer ledit liure tant de foys & en tel volume
qu'il verra eſtre bon. Et Icelluy expoſer en vente. Et auons prohibé & deffendu prohibons &
peffen lons a tous libraires & Imprimeurs ❧

autres perſonnes que ceux auſquels ledit ſuppliant aura donné charge de ſadite impreſsion
ſur certaines & grandes peines à nous à applique, d'amende arbitraire, confiſcation & per-
dition deſdits liures, dommages & intereſts du-
dit Corrozet, que durant le temps & terme de
cinq ans, à commencer au iour & datte de la
premiere impreſſion qui en ſera faite ils n'ayent
à imprimer ne faire imprimer ledict liure. Si
vous mandons & à chacun de vous, ſi comme
à luy appartiendra que de nos preſens congé &
octroy vous faites, ſouffrez, & laiſſez ledit ſuppliant iouyr & vſer plainement & paiſiblemēt
& à ce faire & ſouffrir contraignez ou faites có-
traindre tous ceux qu'il appartiendra, & qui
pour ce ſeront à contraindre par toutes voyes&
manieres deuës & raiſonnables. Car ainſi nous
plaiſt il eſtre fait, Nonobſtant quelconques let-
tre à ce cótraires. Donné à Paris le premier iour
de Iuin, l'an de grace mil cinq cens ſoixante &
vnze. Et de noſtre regne l'vnzieme.
         Par le Conſeil,
     ſigné   BVYER.
   Et ſcellé ſur ſimple queuë de cire iaune.

Acheué d'imprimer le Samedy xv. iour de
          Septembre, 1571.

LE PARNASSE

DES POETES FRANCOIS MODERNES.

A

AAGE DORE.

Pierre de Ronsard en la Bergerie.

A bel aage doré, où l'or n'auoit puiſſäce
Mais doré pour autant que la pure innocence
La crainte de mal faire, & la ſimple bonté,
Permettoit aux humains de viure en liberté.

AME BIEN HEVREVSE

Ronſard au ſecretaire de la Roine d'Angleterre.

Il eſt ainſi que l'ame deſchargée
De ſon fardeau, qui pure ſ'eſt logée
Dedans le ciel, au plus eminent lieu
Ne vit ſinon de la gloire de Dieu.
De ſa beauté, du ſerain de ſa face,

A

Et de son œil qui le Soleil efface,
Si que rauie en extreme desir
De contempler n'a point d'autre plaisir,
Ny autre bien, que telle iouissance
Qui est son heur, son tout, sa suffisance.

Ronsard en l'hymne de la mort.

L'ame n'endure plus auec son Dieu là haut
Ny peine, ny soucy, ny froidure, ny chaud,
Proces, ny maladie: ains de tout mal exempte
De siecle en siecle vit bien heureuse & contente.

AME IMAGE DE DIEV.
Ronsard en vne Elegie.

Nous ne sommes pas nez de la dure semence
Des cailloux animez, d'vne plus noble essence
Nostre esprit est formé, lequel a retenu
Le naturel du lieu, duquel il est venu.
Car tout ainsi que Dieu en variant exerce
Estant seul, simple, & vn, sa puissance diuerse,
Et se monstre admirable en ce grand vniuers
Par la varieté de ses effects diuers:
Ainsi nostre ame seule image trespetite
De l'image de Dieu le tout puissant imite
D'vn subtil artifice, & de sa doité
Nous monstre les effects de sa diuersité.

AME VIENT DV CIEL,
& y retourne.

Ioachim du Bellay au Sympoſe.

Nous ſommes d'vne part de l'eſſence diuine,
Et retournons au ciel, qui eſt noſtre origine.
Qui doubte ce grand Dieu en nos cœurs ſeiourner?
L'ame venir du ciel, & au ciel retourner?
Et comme en ce grand corps dont eſt baſti le monde
Parmy le feu & l'air, parmy la terre & l'onde,
Eſt vn eſprit mouuant, qui par commandement
Du ſouuerain autheur regit le firmament
Ainſi eſtre en nos corps d'vne terreſtre maſſe,
Et noſtre eſprit de feu, qui gouuerne & compaſſe
Toutes nos actions, s'il eſt donques ainſi,
Que le monde eſt en nous, quel miracle eſt ce auſſi
Que nous le connoiſſons? veu meſme que l'image
De Dieu ſe void en nous, qui ſommes ſon ouurage.

AME ET CORPS.
Clement Marot en la deploration
de Robertet.

L'ame eſt le feu, le corps eſt le tiſon,
L'ame eſt d'enhaut, & le corps inutile
N'eſt autre cas qu'vne baſſe priſon,
En qui languit l'ame noble & gentile.

AFFECTIONS DIVERSES
des Hommes.
Clement Marot.

Qui ayme Dieu, ſon regne, & ſon empire,
Rien deſirer ne doit qu'à ſon honneur:

Et toutesfois l'homme tousiours aspire
A son bien propre, à son aise & bon heur,
Sans aduiser sy point contemne ou blesse
En ses desirs la diuine noblesse,
La plus grand part appete grand auoir,
La moindre part souhaitte grand sçauoir,
L'autre desire estre exempte de blasme
Et l'autre quiert (voulant mieux se pouruoir)
Santé au corps & Paradis à l'ame.

AMOVR DIVIN ET SA COMpagnie pour resister au monde & aux vices.
Ronsard en l'hymne triumphal.

L'amour diuin fut vestu
Du harnois de resistance,
Tout engraué de vertu,
Et redoré de constance,
Là, l'ardante charité
Là, la simple verité
De pres l'esprit accompagne,
Auec sa femme compagne.
Là l'oraison & la loy
Là, l'honneste preudhommie
Là, la crainte d'infamie,
Là, l'esperance & la foy,
Là tenoit rang la pitie
De son guide la plus proche,
Là, s'auançoit l'amitié
Que chascun doit à son proche.

Là, les contemplations
Auec ques les paßions
Que l'Ame fidelle endure,
Pour corriger la chair dure,
A la bataille arriuoyent,
Queue à queue d'vne rire,
Et mordant leurs leures à ire
D'vn grand branle se suyueient.
Là, fut le monde emplumé
De grans crestes ondoiantes
Là, fut l'Ogueil enflammé
D'esclairs d'armes flamboiantes
Là, l'esquadron des plaisirs
Là les bandes des desirs.
Là, les bourreaux de la vie
La conuoitise & l'Enuie
Malebouche & la rancueur,
Là la gloire sumptueuse
Et l'ire presumptueuse
Qui ne peult brider son cueur.
Là, dessoubs les estandars
De la chair seditieuse
Flotoient d'ordre ces souldars
D'vne vague audacieuse.

AMOVR CREATEVR
du monde.
I. du Bellay es jeux diuers.

Amour le premier des Dieux
Formant ceste masse ronde,

A iij

D'vn discord melodieux
Lia les membres du monde,
Le Ciel courbe il estendit
Dessus la terre abaisee
Et la terre en l'air pendit
D'vne rondeur balancee
D'vn ordre perpetuel
Il entretient & dispose
Par vn desir mutuel
L'espece de toute chose.

AMOVR D'HOMME A FEMME
Anthoine Herouet en la fable des 2. Cupido.

Cy ie conclu que l'homme n'est blasmé
S'il ayme peu, quand il n'est point aymé,
Le faire ainsy nature luy commande:
Aussi fault il que la femme s'attende
Quand on la void aymer fidelement
Que peu d'amour en brief croist grandement.

AMOVR PATERNEL CACHE
sous le maintien seuere, De la Grauiere.

Bien que le pere aucunefois se face
Craindre aux enfans monstrant austere face
Si void on bien, qu'il ne laisse pourtant
De les aimer bon vouloir leur portant.

AMOVR DV PAYS.
Cle. Marot au Cardinal de Tournon.

Nature a pris sur nous ceste puissance
De nous tirer au lieu de la naissance,
Mesmes long temps les bestes ne seiournent
Hors de leurs creux, mais tousiours y retournent

AMOVR FOL
Ronsard en ses amours.

O traistre & lasche amour! que tu es malheureux
Malheureux est celuy qui deuient amoureux.

ANTOINE DE BAIF EN
sa Francine.

Vous ieunes gens qu'amour desia menace.
Fuyez ce traistre archer.
Fuyez son arc, fuyans de place en place
Ne vous laissez toucher.
Puis que la fleche
A fait sa breche,
C'est grand sottise
Sy l'on s'aduise
Apres le coup du tireur n'approcher.

AMOVR ET QVE C'EST,
De la Grauiere en ses Epigrammes.

Qu'est-ce qu'amour? Ce n'est qu'vn feu latant
Vne grand plaie aux Amans delectable
Vn froit venin, par tout se dilatant
Plein de saueur & de goust amiable,
Vn mal cuisant, neantmoins desirable

A iiij

Vne douceur, dont l'aigreur picque & mord
C'est vn supplice, vn tourment souhaitable,
Pour abreger c'est vne douce mort.

AMOVR.
Ronsard au 2. des Amours.

L'amour n'est rien qu'ardante frenaisie,
Qui de fumée emplit la fantasie,
D'erreur, de vent, & d'vn songe importun,
Car le songer & amour ce n'est qu'vn.

AMOVR FOL, PARLANT
de soy.
Ronsard en ses Mascarades.

La volupté, la ieunesse me suit,
L'oisiucté en pompe me conduit.
Ie suis aueugle, & si ay bonne veuë,
Ie suis enfant, & suis pere des Dieux,
Foible, puissant, superbe, gracieux,
Et sans viser ie frappe à l'impourueuë.

AMOVR FOL EST A FVYR.
Pontas de Thiart en ses erreurs
amoureuses.

Fuyez Venus & son feu dangereux,
Et Cupido le Dieu des amoureux,
Gardez qu'il ne vous pique.
Car Cupido ce n'est qu'vn fol desir,
Venus sa mere est vn fresle plaisir,
Et ord & impudique.

AMOVR NE VEVT ESTRE
neceſſiteux.
De la Graciere pris de B.M.

Quiconques eſt d'amour ſollicité
Ne doit de rien auoir neceſſité,
Par ce qu'il faut par conſequence expreſſe
Faire ſouuent preſens a ſa maiſtreſſe.

AMOVREVX DELOIAVX.
Iean de la Peruſe en ſa Medee.

O que folles nous ſommes
De croire de leger aux promeſſes des hommes.
Nulle d'orenauant ne croie qu'en leur cœur
Quoy qu'ils iurent beaucoup, ſe treuue rien de ſeur,
Nulle d'orenauant ne s'attende aux promeſſes
Des hommes deloiaux, elles ſont mentereſſes:
S'ils ont quelque deſir, pour en venir à bout
Ils iurent terre & ciel, ils promettent beaucoup,
Mais tout incontinent qu'ils ont la choſe aymee
Leur promeſſe & leur foy s'en vont comme fumee.

AMITIE' ET SES EFFECTS.
Berard de Gerard en l'vnion
des Princes.

Vne grande amitié diuinement profonde
Apporte le plaiſir & l'heur à tout le monde,
Elle orne les ſucces des fortunes proſperes
Adoulcit les malheurs des fortunes contraires
Elle n'endure pas que les cœurs genereux

Tombent dans les liens d'vn deſtin malheureux.
L'homme ſoit il heureux, ſoit il mal fortuné,
Soit il heureuſement ou au contraire né,
Ne peut ſans l'amitié en nulle ſorte viure.
Elle de ſouſpeçon les courages deliure
Qui fait que nous voions nous meſmes à demy
Et ſouuent tous entiers au taint de noſtre amy.

AMITIE FAVLSE,
Ronſard au proces, au Cardinal
de Lorraine.

Car la face de l'homme & ſa ſeule preſence
Vault mieulx que cent amis, qui parlent en abſence.
Et voluntiers l'amy non aquis par vertu
Porte touſiours vn cœur menſonger & tortu:
Comme ils font a la court, où ils parlent de bouche
De leurs amis abſens, mais le cœur ne les touche,
Seulement par aquit, par ruſe, & par deuoir,
Ils faignent d'eſtre amis, & taſchent d'en auoir,
Eux meſme par cet art, que doubles ils pallient,
Pour dire qu'au beſoin les amis ils n'oublient.

AMY PLVS NECESSAIRE
que la faueur des grands.

Ronſard à Gaſpard d'Auuergne,
en ſon boccage.

Tu dois encor euiter ce me ſemble
Faueur des Roys & des peuples enſemble,
De ces mignons touſiours quelque tempeſte

Vient foudroier la teste.
Ce n'est pas tout aueques prouidence
  Faits vn amy dont l'heureuse prudence
  Te seruira de secours necessaire
  Contre l'heure aduersaire.

AMOVR ENGENDRE
dueil à la mort d'vn amy.
Marot en la deplor. de Robertet.

Or quand la mort a fait son malefice,
Amour adonc vse de son office,
Faisant porter aux vrays amis le dueil,
Non point vn dueil de faintes larmes d'œil,
Non point vn dueil de drap noir annuel,
Mais vn dueil teint d'ennuy perpetuel.

APPATS MONDAINS,
Ronsard en la Bergerie.

Car les appasts mondains ne nous font que sentir
Apres vn vain plaisir sinon vn repentir.

ASSEVRANCE EN DIEV
Ronsard à Gaspard d'Auuergne.

Soit que le Ciel de foudres nous despite,
  Ou que la terre en bas se precipite:
  Soit que la nuit deuienne iour qui luit,
  Et le iour soit la nuit:
Ie n'en auray iamis frayeur ne crainte,
  Comme asseuré que la pensée sainte

De l'Eternel gouuerne en equité
Ce monde limité.
Le Seigneur de là haut
Connoist ce qu'il nous faut
Mieux que nous tous ensemble,
Sans nul esgard d'aucun,
Il depart à chacun
Tout ce que bon luy semble.

ASSEVRANCE NVLLE
à l'homme.
Ronsard aux Meslanges.

Nous ne tenons en nostre main
Le futur, non le lendemain,
La vie n'a point d'asseurance.
Et pendant que nous desirons
La faueur des Roys, nous mourons,
Au milieu de nostre esperance.

Audit lieu.

Entre la bouche & le verre
Le vin souuent tombe à terre.
Et ne faut que l'homme humain
S'asseure de nulle chose,
Si ia ne la tient enclose
Estroitement dans la main.

ASSEVRANCE INCERTAINE.
Gabriel Bouuin en sa Tragedie
de la Soltane,

Nul ne doit prendre ioye
A heureux port surgier, que premier ne le voye,
Tel se cuide estre à port aiant la mer bonace,
Qui des vents effrontez soudainement deplace.

AVARICIEVX MISERABLES.
Ronsard en ses Odes.

Ton mal est incurable,
  Auare miserable,
  Car le soin d'aquerir
  Qui te brusle & enflamme
  Engarde que ton ame
  Ne se puisse guerir.
Mais le soin & l'enuie
  Vrais bourreaux de ta vie
  Ne t'abandonnent point,
  Au dedans ils te nuisent,
  Et sur ton cœur aguisent
  L'eguillon qui te point.

AVARICE CONTEMNEE
pour la brieueté de vie.
Ronsard à Monsieur du Thier.

Ne rouille point ton cœur de l'execrable vice
De ceste orde furie & harpie Auarice,
Qui tous les biens du monde attire dans sa main:
car puis qu'il faut mourir, ou ce soir, ou demain,
Que sert d'amonceler tant d'escus en vn cofre?
Et puis que la nature ingrate ne nous offre
Que le seul vsufruit, que sert de desirer

A l'homme tant de bien? ou d'aller deschirer
Le ventre de la Terre, & haustement construire
Vn palais orgueilleux de marbre ou de porphire?
Où peut estre (ô folie) il ne logera pas,
Par la mort preuenue : ou apres le trespas
Quelque prodigue enfant de cest auare pere,
Ieune, fol, debauché, en fera bonne chere,
Vendra, iouëra, perdra, & dependra le bien
En plaisirs dissolus qui ne luy cou,ª a rien.
Car tout l'auoir mondain, quelque chose qu'on face,
Iamais ferme n'arreste à la troisiesme race:
Ains fuit comme la bale, alors qu'au mois d'esté
Le grain bien loing du van parmy l'aire est ietté.

Greuain en ses Esbahis.

Celuy est fol qui se courrouce
Pour les biens de ce monde cy:
Et qui se geinne de soucy,
Pour ce que nous auons à estre
In ceste vie, & pour cognoistre
Les plus sages, ce sont tous ceux
Qui viuent les moins soucieux.

AVARICE INSATIABLE.
Ronsard en l'hymne
du Roy.

Estimons l'auarice
(Comme elle est vraiement) l'escole de tout vice,
Laquelle plus est saoule, & plus cherche à manger,
De l'or tresmiserable acquis en grand danger.

Ronſard en l'hymne de l'or.

Ie treuue miſerables
Ceux qui par mille ſoings amoncellent vn or,
Puis languiſſent de faim aupres de leur threſor.

APOLOGVE DE
l'auarice
Bonauenture des Periers.

Voiant l'homme auaricieux
Tant miſerable & ſoucieux,
Il me ſouuient d'vne alumelle,
Laquelle eſtant luiſante & belle
Se voulut d'vn manche garnir,
Afin de couſteau deuenir:
Et pour mieux s'emmancher de meſme
Tailla ſon manche de ſoymeſme:
En le taillant elle y muſa,
Et y muſant elle s'vſa,
Car le couſteau bien emmanché
Eſtant deſia tout ebreché
Se vid gaudy par plus de neuf,
D'eſtre ainſi vſé tout fin neuf,
N'aiant plus ce tant doux trencher
Comme deuant que s'emmancher.

AVARICE PORTE SON
peril.
Autheur incertain.

L'auare marchant

Les mers va cherchant,
Qui souuent lay font
De son cuurice tresbonne iustice,
L'abismant au fond.

ACCOVSTVMANCE VERTVEVSE
I. Anthoine de Baïf en sa Francine.

L'accoustumance
Sert d'alegance;
Quand on supporte
De vertu sorte
Ce qui ne peut s'amender par raison.

ART D'AGRICVLTVRE, ET
estat de labeur.
Ioac. du Bellay en ses estats.

Sans luy rien ne seroit de plaisant & d'aimable,
Sans luy des Roy seroit la vie miserable,
Sans luy la terre mere inutile seroit
Et marastre à ses fils rien ne leur produiroit,
Que ronces & chardons auec le gland sauuage,
Et l'eau pure seroit nostre plus doux breuage.
Par luy nous trafiquons auecques l'estranger,
Duquel nous receuons le boire & le manger,
Les richesses & l'or en quoy la France abonde,
Comme estant de tous biens vne corne feconde.
Si la charue cesse, ou si la main rustique
Oisiue, par les champs au labeur ne s'applique,
Tout le corps perira, comme vn grand bastiment

Dont

Dont l'aßiette n'a point de ferme fondement.
Tous les autres labeurs tant vtiles soient ils
Tous les arts & mestiers auecques leurs oustils
Ne sont à comparer à l'art d'Agriculture,
Qui seule par son art commande à la nature:
Car d'infertile rend vn terroir plantureux,
Et change la lambrusque en vn sep plus heureux
Et tire du bestail mille commoditez
Pour nourrir les grands Rois & les grandes citez.

ADVERSITE' CORRIGE
l'homme.
De la Grauiere pris de B. M.

Mais qui est cil qui ne deuiendra sage
Apres le dam, la perte, & le nauffrage?

B
BASTIMENS ENVIEILLIS
par le temps.
Ronsard en vne epistre au Cardinal
de Lorraine.

C'est peu de cas außi de bastir iusqu'aux cieux
Des palais enleuez d'vn front ambitieux,
Qui ne seruent de rien que de pompeuse monstre,
Qui ne peuuent durer (tant soient forts) à l'encontre
De la fuyte du temps: car bien que les chaleurs,
Les hyuers, ou les vents, ou mil autres malheurs,
Soit de pluye, ou de gresle, ou le flambant tonnerre
Ou l'ire d'vn seigneur, ou le sac d'vne guerre,
Ne les fießnt tomber, si est ce que le temps

D'eux mesme les feront dans le cours des cent ans
Renuerser pied sur teste, & à la petitesse
Des champs egaleront leur superbe hautesse.

BEAUTE' DU CIEL.
Ronsard en l'hymne
du Ciel.

O qu'à bon droit les Grecs t'ont nommé d'un beau
nom!
Qui te contemplera ne trouuera sinon
En toy qu'vn ornement & qu'vne beauté pure,
Qu'vn compas bien reiglé, qu'vne iuste mesure
Et bref qu'vn rond parfait, dont l'immense grãdeur,
Hauteur, largeur, biais, trauers, & profondeur,
Nous monstrent, en voiant vn si bel edifice,
Combien l'esprit de Dieu est remply d'artifice

BEAUTE ET LAIDEUR.
An. Herouet en la parfaite amie,
3. liure,
car comme la beauté
Est le pourtrait d'excellente bonté,
Ainsi laideur est signe de tout vice,
Et se peut dire image de malice.

Ioa. du Bellay.

Il n'y a chose si belle
Qui n'ait quelque vice en elle.

BEAUTE VAINE
des Dames.

Ioa. du Bellay contre les Petrarquiftes.

De vos beautez ce n'eft que tout fin or,
  Perlés, criftal, marbre, & yuoire encor,
  Et tout l'honneur de l'indique threfor,
  Fleurs, lis, œillets, & rofes.
De vos douceurs ce n'eft que fuccre & miel,
  De vos rigueurs n'eft qu'aloés & fiel,
  De vos efprits c'eft tout ce que le ciel
  Tient de graces enclofes.
Mais ceft enfer de vaines paffions,
  ce paradis de belles fictions,
  Defguifement de nos affections,
  Ce font peintures vaines,
  Qui donnent plus de plaifirs aux lifans,
  Que vos beautez à tous vos courtifans,
  Et qu'au plus fol de tous ces bien-difans
  Vous ne donnez de peines.

BEAVTE' N'EST
qu'vne fleur.
Ronf. au voiage de Tours.

Bien fol eft qui fe fie en fa belle ieuneffe,
Qui fi toft fe defrobe, & fi toft nous delaiffe,
La rofe à la parfin deuient vn gratecu,
Et tout auec le temps par le temps eft vaincu.

BIEN SOVVERAIN.
Herouet en l'amie, 3. liure.

Le bien, ainfi qu'vn fage a diffini,

B ij

Eſt tout en Dieu, le bon & infiny,
Beauté, ſageſſe, & iuſtice & bonté,
Sont propres noms de haute deité.

BIENS ET MAVX ENVOYEZ
de Dieu au monde.

Ronſard contre les Predicans de Geneue.

On dit qu'en haut au ciel, au deuant de la porte
Il y a deux tonneaux de differente ſorte,
L'vn eſt plein de to⁹ biẽs, l'autre eſt plein de to⁹ maux
Que Dieu reſpand ça bas ſur tou les animaux:
Il nous donne le mal auecques la main dextre,
Et le bien chichement auecques la ſeneſtre,
Si faut il prendre en gré ce qui vient de ſa part,
Car ſans noſtre congé ſes dons il nous depart.

Ronſard au Card. de Chaſtillon.

On dit que Iupiter deuant le ſueil de l'huis,
De l'Olympe là haut a fait mettre deux muis,
L'vn tout comble de biẽs, l'autre de maux, ſa dextre
Verſe le mal au monde, & le bien la ſeneſtre,
Monſtrant que pour vn bien il donne mille maux,
Et pour vn ſeul plaiſir cinq cens mille trauaux.

BIEN HEVREVX QVI
eſpere en Dieu.

Ioa. du Bellay en l'hymne chreſtien.

O bien heureux, & trois & quatre fois
Qui a gouſté le ſuccre de ta voix,

Et dont la foy qui le peché deffie
En ton esprit sa force fortifie:
Certes celuy qui tel bien a receu
De son espoir ne se verra deceu.

BIEN FAIT TROP VENDV.
Ronsard au proces au Card de Lor.

Certes trop durement vn bien fait est vendu
Quand on a pour l'auoir son aage despendu.

BIEN PERDV ET RECOVVRE,
grande joye.
Au retour de la paix, autheur incertain.

Tant plus vn bien est longuement caché,
plus est requis, attendu & cherché:
Et quand il vient apres longueur de temps
Il rend les gens plus aisés & contens:
D'autant qu'ils ont la certeine apparence
Du bien, auquel n'auoient plus d'esperance:
Ce qui leur fait par plaisirs amassez
Se souuenir des maux qu'ils ont passez.

BONNE BOVRSE ET PEV
de vertu.
Ronsard en l'hymne de l'or.

L'or fait l'ignorant sage, & par luy le lourdaut
Est tenu pour accort, & s'esleue plus haut
En hōneur qu'vn sçauāt, ou qu'vn vertueux, pour-
Que la simple vertu n'a iamais bonne bourse.　(ce

BON OVVRIER DIGNE
de louange.
Eſtienne Iodelle, à Madame Mar-
guerite de France.

Tel admire ſouuent ce qu'il doit admirer,
Qui de ſoymeſme fait d'auantage eſperer:
Car quant au poinct d'honneur, tant plus vn hom-
  me en quitte,
Et plus il en retient, & plus il en merite:
Auſſi l'œuure d'autruy doit ſeruir à la vie,
D'vn encouragement, & non pas d'vne enuie.

BRAVADE DES VICIEVX.
Io. du Bellay à Macrin.

Ce ſont beaux mots que Brauade,
Soldat, cargue, camiſade,
Auec vn braue Sang-dieu,
Trois beaux dez, vne querelle,
Et puis vne Maquerelle,
C'eſt pour faire vn demy-dieu,

BRIGAND ET VOLEVR.
Autheur incertain en vne Elegie.

Mais qui eſt celuy là pour vn petit larcin
Qui ſe face brigand, voleur, ou aſſaſſin?
S'il veut gaigner beaucoup il tire aux grandes ſom-
  mes,
Tout preſt à deſtrouſſer & eſgorger les hommes,
Tout preſt à leur donner volontiers tout le ſien,
Pour leur oſter la vie & iouyr e dleur bien.

C
CREATION DV MONDE.
Iean Paſſerat en l'hymne de la paix.

Auant l'an & les mois, le feu, la terre, & l'onde,
L'air eſpais ſans clarté, erroient parmy le monde,
Peſle meſle confus : ces quatre premiers corps
Dont tout eſt engendré, n'auoient aucuns accords:
Le feu eſtoit dans l'eau, & la brutale maſſe
Du plus gros element n'eſtoit d'eſgal eſpace
Pendue en l'air eſpais: ny le flambeau du iour
Comme il fait maintenant, ne luiſoit à ſon tour.
De ce bel ornement la forme mal polie
Sous eternelle nuit giſoit enſeuelie:
Mais le Dieu eternel aiant creé les cieux
Miſt fin à ce deſordre, & aßiſt en leurs lieux,
Le peſant & leger, chaud, froid, ſec & humide:
Incontinent le feu, luiſant, brulant, liquide,
Vola au lieu plus haut, à qui l'air a eſté
En place auſſi prochain, comme en legereté.
La terre s'auala, que l'eau tint embraſſee,
Au cintre de ce rond, tout en ſoy amaſſee.
Sept aſtres fiſt au ciel, dont l'vn ſur tous inſigne
Par l'oblique chemin du rondeau porte-ſigne,
Meſure ſon eſphere, & ne s'arreſte point
Tant que l'vn acheué reuient au meſme poinct.
Ainſi le iour, la nuit, le mois, l'an & le temps,
Firent l'hyuer, l'eſté, l'automne, & le printemps.

CHEF DE GVERRE.
Remy Belleau en ſa Bergerie.

Il a dompté, franchy, fait fendre, & fait armer,
Les fleuues mis au iouc, & les monts & la mer,
Il a passé (soldat) en Esté les campagnes,
Aux rigueurs de l'hyuer les bois & les montagnes.
Il a sceu dextrement, comme soldat pratique,
Brandir & recresper le long bois d'vne pique,
Braquer bien vn canon sur le flanc d'vn rampart,
Conduire vne trenchee, & iuger quelle part
Se deuoit assaillir de boulet ou de balle
S'elle estoit hors de mine, ou de sappe, ou d'eschelle
Mesurer bien le cœur du Soldat enfermé,
Ce qu'il peut en campaigne armé ou desarmé,
Picquer bien vn cheual en foule & en carriere,
Rompre bien de droit fil vne lance guerriere,
Faire marcher vn camp, l'auancer, le tarder,
Battre vn fort, vn rampart, l'assaillir, le garder,
Affronter l'ennemy, rompre le fer & l'ire.
Mesme d'vn Empereur, plus grand que son Empire:
Retirer le soldat, qui defiant la mort
Prodigue de sa vie ecarmouchoit vn fort,
Animer la ieunesse aux plus chaudes alarmes,
Courageuse à bastir vn tombeau dans ses armes.
Et du moindre soldat combatant prendre soing,
Aiant le plus souuent le coutelas au poing,
Corps de cuirasse au dos, le morion en teste,
Couuert de sa grand'targue : ainsi qu'vne tempe-
        ste,
Roüant, piroüettant, espiant vn beau sac,
Qui court de proüe en pouppe, & de masts en tillac,
De cordage en cordage, & de flamme ensouffrée
Renuerse & met au fond la nauire engouffree.

Du tronchet en ses missiues

Vn chef d'armee a bien plus d'aise & de plaisir
De voir son camp fourni (s'il a loy de choisir)
D'hommes & de soldats leur deuoir bien faisans,
Qu'il n'auroit pas d'y voir troupe de paisans

CHANGEMENT DES CHOSES
Ronsard en ses Mascarades

L'an, & le mois, le iour & le moment.
Ne font au ciel le cours de mesme sorte,
Car en fuyant ils sont portez, de sorte
Que tout n'est rien qu'vn diuers changement.
Apres la guerre on voit soudainement
Naistre la paix, qui tous biens nous apporte.
Par l'appetit la raison se transporte
Et chascun vit soubs diuers changement.

Berad de Girard sur le trespas du
Roy Henry ij.

Tout ce qui est au monde
Court & vole dispos de course vagabonde:
Ores la neige vient les monts enfariner,
Ore on la voit en eau & torrents retourner,
Ores les arbres sont armez de leur verdeur,
Ore ils sont nuds sans fueille & sans nulle valeur,
La terre change tout, & d'vn vitte passage
Les fleuues vont coulans emmenans le riuage.

CHASCVN CHERCHE A
s'enrichir.

V

Poëte incertain.

Chascun court aux biens de la terre,
Ou aux honneurs, pour en aquerre,
Mais on y vient par grans trauaux.
Et sont subgets à mile maux.

CHASTETE VERTV TRESEX-
cellente aux filles,
Marguerite Roine de Nauarre en la fable
de faux cuyder.

Pour certain l'exercice
Est vne mort de tout peché & vice:
Vous exhortant de si bien vous garder
Que le Soleil puissiez bien regarder,
Car sans rougir ny honte receuoir
L'œil chaste & pur ne craint point de le voir
Ny d'estre veu, ny de luy, ny du monde:
Mais l'œil meschant dont le cœur est immonde
Quand il se faut au clair soleil monstrer
Ne se peut tant couurir & accoustrer
Que Verité ne luy peigne en la face
Le meschant cas qui son honneur efface.

CHAPPELET DE FLEVRS
qu'il signifie.
Ioach. du Bellay aux Ieux diuers.

Ces Rozes plus ne rougiront
Et ces liz plus ne blanchiront
La fleur des ans qui peu seiourne
S'en fuit, & iamais ne retourne,

Et le fil te monstre combien
La vie est vn fragile bien.

COMMANDER A SES
affections.
Ronsard au Boccage.

C'est plus de commander
Sur ces affections
Qu'aux princes d'amander
De mile nations.
Qui de ses paßions
Est maistre seulement:
Celluy vit proptement
N'eust il qu'vn toit de chaume
Et plus asseurement
Qu'vn Roy en son Royaume.

COMMENCER ET ACHEVER
Gab. Bouuin en la trag. de la Sol.

C'est peu de commencer
Vn trauail Iournalier, qui ne veut s'auancer.

CONTENTEMENT CHEZ SOY,
Ronsard aux meslanges.

Il vauldroit beaucoup mieux manger en sa maison
Du pain cuit en la cendre, & viuoter à peine
Boire aux creux de la main de l'eau d'vne fontaine,
Que se rendre soymesme en la court en prison.

PARNASSE
CONTENTEMENT VRAIE
richesse,
Ronsard en l'hymne de l'or.

Non la Richesse, non, ne se mesure pas
Aux escus amassez, l'vn sur l'autre à grand tas,
Mais au contentement, celuy qui se contente
Vit tresriche, & n'eust il qu'vne moyenne rente.

Ronsard au ij. des odes.

De peu de bien on vit honnestement
L'homme qui peut trouuer contentement
N'a point rompu son sommeil par la crainte
Des bleds menteurs, ou de la vigne attainte.

CONNOISTRE SOY MESME
Ant. Herouet au 3. de l'amie.

Soy bien cognoistre, est le plus grand sçauoir
Que nous sçaurions desirer & auoir.

COVRTISANS ET MOIENS
d'eux enrichir.
Ronsard, en la promesse.

Il fault les grans Seigneurs courtizer, & chercher,
Venir à leur leuer, venir a leur coucher,
Se trouuer à leur table, & discourir vn compte,
Estre bien importun, & n'auoir point de honte,
Voila le vray chemin que tu dois retenir,
Sy tu veulx promptement aux honneurs paruenir.

COVRTISANS TOVS-
iours en peine.
Ron. au Cardinal de Chaftillon.

Il n'y a point d'eftat n'y de meftier au monde
Fuffe d'vn Laboureur, où tant de peine abonde
Qu'aux Seigneurs de la Court, qui n'ont pas le loifir
De goufter en vn an feulement vn plaifir.

COVRTISANS FLATEVRS
& fimulateurs,
Io. du Bellay en fes regrets.

Seigneur ie ne fçauroy regarder d'vn bon œil
ces vieux cinges de Court, qui ne fçauët rien faire,
Sinon en leur marcher les Princes contrefaire,
Et fe veftir comme eux d'vn pompeux appareil.

Sy leur maiftre fe moque, ils feront le pareil,
S'il ment, ce ne font eux, qui difent du contraire.
Pluftoft auront ils veu (à fin de luy complaire)
La lune à plein midi, à minuit le Soleil.

Sy quelqu'vn deuant eux reçoit vn bon vifage
Ils le vont careffer, bien qu'ils creuent de rage:
s'il le reçoit mauuais, ils le monftrent au doigt

Mais ce qui plus contre eux quelque fois me depite,
C'eft quand deuant le Roy d'vn vifage hipocrite
Ils fe prennent à rire, & ne fçauent pourquoy.

COVRTISANS FLATEVRS
chaffez,

G. Bouuin en la Soltane.

Las fy les Rois, de leurs limites
Chaſſoient ces maſquez courtiſans,
Tous ces courtiҡans paraſites,
Qui par ſymulces pourſuites
ſoubs fauſes armes & ſemblans
Vont les Rois abuſans:
    Les Rois a leurs grandes louenges
Viuroient heureux de toutes parts
Frequentans les princes eſtranges
ſans plus dreſſer tant de Phalanges
Et voir furier les Soldats
Deſſoubs les eſtandarts.

CONSEIL ET ARMES
Ron. es odes, au Roy.

Ie conſeil & la vaillance,
Par vne egale balance
ſe trauaillant à l'entour
Des affaires, qui ſont pleines
Et de perils & de peines,
L'vne apres l'autre à leur tour

CONSEIL.
Ron. au. 2. des amours.

ſage eſt celuy qui croit à qui bien l'admoneſte

CONSEIL, EST INVTILE
aux choſes paſſees.

De la Grauiere.

Le conseil pris quand la chose est parfaicte
N'est qu'vne pluie apres la moisson faict e

CONSEIL PERDV,
Du Bellay.

On ne doit point conseiller beste,
Qui son conseil porte en sa teste.

CONSEILLER AVTRVY
& non soymesme,
Tahureau en la constance de l'esprit.

On conseille tant bien autruy
Le voyant prendre de l'ennuy
Mais on ne voit vser personne
Du conseil qu'aux autres il donne,
Et au besoin default le cœur
Mesmes au plus graue enseigneur,
Qui sembloit vn roc immuable
Contre fortune variable
Qui du plus leger changement
L'ebranle tout en vn moment
Ainsi nous sommes mal apris
Corrompus de sens & d'esprits
Qui desia s'abreuent du vice
Des le lait de nostre nourrice
Et couurans nostre lacheté
D'vne sotte fragilité
Nous nous laisons dés la ieunesse
A toute friuole paresse
Languissans tous par vnion
D'vne trop sotte opinion

CORPS NVISANT
à l'Esprit,
Ioachin du Bellay.

Le corps mal sein, lourd terrestre & pesant
De là prouient que nostre ame est attainte
D'aise, d'ennuy, de desir & de crainte,
Et que iamais ne peut voir le beau iour
Close en son noir & tenebreux sesiour.

CAVSE MAVVAISE
bien plaidee.
Ronsard au proces au Cardinal
de Lorraine.

Car la mauuaise cause auec l'art bien plaidee
Est plus que le bon droit souuent recommandee.

D

DIEV TOVT PVISSANT
& sage,
Poëte incertain.

Dieu a la sapience egale à sa bonté,
Sa puissance aussi grande est que sa volonté,
L'effect suit sa parole, & son esprit sans peine,
Les elemens soustiet, & les beaux cieux pourmeine.
Son infalible esprit tout le monde remplit,
En nul lieu ne commence, en nulle part finit:
En tous lieux residant, par puissance & presence
Surpasse les haults cieux par infinie essence.

Son vray

Son vray nom c'eſt. Qui eſt, & hors luy n'y a rien,
Tout préd de luy ſon eſtre, & ſans luy rié n'eſt bien
La parfaite vnité, & vraie ſubſiſtence
Ne ſe peuuent trouuer qu'en ſa bonté immenſe.

DIEV EN SA GRANDEVR
Ronſard aux predicans de Geneue.

Ce grand Dieu tout parfait, plein d'eternelle eſſence,
Tout rempli de vertu, de bonté, de puiſſance,
D'immenſe maieſté, qui voit tout, qui ſçait tout
Sans nul commencement, ſans milieu ne ſans bout,
En ſa diuinité treſroialle & ſupreme,
N'a beſoing d'autre bien ſinon de ſon bien meſme.

DIEV PLEIN DE MISERICORDE
Ronſard en l'hymne du Roy.

Bien que du ciel Dieu voie
Que tout le genre humain icy bas ſe fouruoye,
En vices diſſolu, & ne veut s'amender:
Pourtant il ne luy plaiſt à tous coups debander
Son foudre puniſſeur ſur la race des hommes,
Car il nous cõnoiſt bié, & ſçait dequoy nous ſommes,
Et s'il vouloit ruer ſon tonnerre à tous coups
Que nous faiſons peché, il nous occiroit tous.

DIEV AVTHEVR DE
toutes choſes.
Ioach. du Bellay.

Il n'y t qu'vn ſeul Dieu autheur de toutes choſes,

C

Qui toute chose aussi à son plaisir dispose,
Qu'à l'homme il n'est permis de toucher ou de voir
Mais qu'on peut seulement en l'esprit conceuoir:
Car il voit de là haut soubs ses pieds les nuages
Et comme seul ouurier des plus parfaicts ouurages
Et cause de tout bien, gouuerne tout aussi.

DIEV VERITABLE,
Loys des Masures en ses vers
liriques.

L'Eternel seul est veritable,
De qui la bonté charitable
Demeure à perpetuité:
Sy tost que gemissans nous sommes
Nos maux il remet à grans sommes,
De sa pure gratuité.

DIEV EN SES FAICTS NE
veut estre cherché,
Ronsard en la remonstrance au
peuple de France.

Tout homme qui voudra soigneusement s'enquerre
Dequoy Dieu fit le Ciel, les ondes, & la terre,
Il y perdra l'esprit, car Dieu, qui est caché,
Ne veut que son secret soit ainsi recherché.
    Brief nous sommes mortels, & les choses diuines
Ne se peuuent loger dans nos foibles poitrines:
Et de sa prescience en vain nous deuisons,
Car il n'est pas suget à nos sottes raisons,
L'entendement humain tant soit il admirable

Du moindre faict de Dieu sans grace n'est capable.

DIEV TIENT SES SECRETS
cachez.

Ron. au 4. des odes

Las on ne peut connoistre
Le destin qui doit naistre,
Et l'homme en vain poursuit
Coniecturer la chose
Que Dieu sage tient close
Soubs vne obscure nuict.

DIEV COMPARE A VN POTIER
de terre, passage pris de S. Paul.

Ron. au duc de Sauoie.

Qui oseroit acuser vn potier,
De n'estre expert au fait de son mestier,
Pour auoir faict d'vne masse semblable
Vn pot d'honneur, l'autre moins honorable?
D'en faire vn grand, l'autre plus estrecy,
Plomber celuy, & dorer cestuicy,
Ou les fesler, ou bien sy bon luy semble,
Quand ils sont faits les casser tous ensemble?
Les pots sont siens, le Seigneur il en est,
Et de sa roue il fait ce qu'il luy plaist.
Qui vouldroit donq accuser d'iniustice
Le TOVT PVISSANT comme autheur de malice?
Sy d'vne masse il fait vn Empereur,
Et de la mesme vn pauure laboureur,

s'il pousse en bas les Roys & leurs couronnes,
Et s'il fait Roys les plus basses personnes?
S'il va tournant les hommes comme il veut,
Il est l'agent , c'est la cause qui peult:
Nous ses subiects, qui receuons la forme
Bonne ou mauuaise, ainsi qu'il nous transforme.
Aucunesfois il nous leue aux estats
Des hauts estats il nous deuale en bas,
Nous fait fleurir & flestrir en mesme heure,
Et changeant tout sans changement à'meure.

DIEV EXALTE LES ROYS

Ioach. du Bellay en ses estats au
Roy François 2.

Le Roy reçoit de Dieu son sceptre & sa couronne
Car c'est celuy tout seul qui les oste & les donne,
Comme il veut, & qui seul peut faire d'vn berger
Vn Roy & sa houlette en sceptre luy changer.

DIEV FAIT DES PRINCES

ce qu'il luy plaist.

Ronsard en l'hymne du Roy.

Le grand Dieu bien souuent , des Princes l'appareil
Trenche au milieu du faict, & leur romps le côseil,
Les vns font en vn an ou deux leurs entreprises
Des autres à neant les affaires font mises

DIEV ET LES PRINCES

demandent les cœurs des hommes,

Ronſard en l'hymne au Cardinal
de Lorraine.

Car tout ainſi que Dieu pour la plus belle offrande,
Sinon les humbles cœurs des hommes ne demande,
L'honneur, la reuerence : ainſi les grans Seigneurs
Ne veulent que les cœurs, l'hübleſſe & les hõneurs.

DIVERS DONS DE GRACES
de Dieu aux hommes.
Poete incertain.

Aux vns il fait preſent d'vn clair entendement,
D'aprehenſion viue, & ſubtil iugement,
Autres il rend douez de faconde eloquence,
Autres ſont excellents en toute ſapience.

Chaſcun fait toutesfois particulierement
Son office & eſtat, & ne peut nullement
L'vn dire & ſe vanter n'auoir de l'autre afaire,
Car bien ſouuent le moindre eſt le plus neceſſaire.

Auſſi doyuent les forts les foibles ſupporter,
Et le ſain & ioieux, l'affligé conforter,
Ny le grand des petits doit meſpriſer la vie,
Ny les petits aux grans porter aucune enuie.

Tels ſont les grans effects & operations
Des graces & vertus, dons, & perfeſtions
Que Dieu par ſon eſprit à mainte humble perſonne
Par differents degres liberalement donne.

DON DE DIEV
Ron. en l'hymne de l'or.

C iij

Et iamais Dieu ne donne
Vne chose aux mortels, sy la chose n'est bonne

DISCORD PERMIS DE DIEV
au monde, pour punition.
Ronsard en la paix, au Roy.

Quand paix eut par bon ordre arrengé la machine
Et lié ce grand corps d'vne amitié diuine,
Elle fit attacher à cent cheines de fer
Le malheureux discord, aux abismes d'enfer,
Puis au throne de Dieu qui tout voit & dispose
Alla prendre sa place où elle se repose.
Quand les pechez d'vn peuple, ou les fautes
d'vn Roy
En rompant toute honte ont violé la loy
Et le sang innocent la iustice demande:
Le grãd Dieu tout puissant à ces anges commande
D'escheuer le discord, afin que destaché
Du peuple vicieux punisse le peché:
Mais auant sa venue, en cent mile presages,
Le ciel nous fait certains de nos futurs dommages.

DIVINATION,
Ron. en l'hymne des daimons.

Aucunesfois prudence & aduis peult donner
Aux hommes craignans Dieu pouuoir de deuiner.

DILIGENCE,
Pierre d'Origini en son temple
de Mars.

Diligence a aux pieds & aux mains grandes ailes,
Mesme iamais ne sille ou ferme les prunelles,
Ains tousiours en veillant & en volāt donne ordre
Qu'en ce qu'elle entreprend n'y ait aucun desordre.

DISSIMVLER EN COVRT
Iaques Pelletier en l'homme de repos.

O quantesfois la pensee secrette
Tout à par soy le vray repos regrette,
Et la couleur qui la douleur domine
En mauuais ieu fait faire bonne mine!
En quoy celuy sçait mieux iouer son roole
A qui le cœur dement mieux la parole.

DESIR INSATIABLE
Ron. en ses amours.

Mais dequoy sert le desirer
Sinon pour l'homme martyrer!
Le desir n'est rien que martyre,
Car content n'est le desireux
Et l'homme mort est bien heureux
Heureux, qui plus rien ne desire.

DANGER EST A EVITER
Gab. Bouuin en sa Soltane.

car ceux là folement s'exposent au danger,
Dont ils se peuuent bien seurement estranger.

Au mesme lieu.

Tel cuydoit euiter les naus-froissantes ondes

C iiij

Du caribd, folement, qui dans les eaux profondes
Du scille s'est noié.

DIFFICILE POVVOIR
à chascun.
Amiot.

Difficile est pouuoir en maint affaire
Entierement à chascun satisfaire.

DOVCEVR DOMPTE
l'orgueil,
Greuin en la Trag. de Cæsar

La douceur sied bien mieux pour finement côbatre
Le cueur audacieux d'vn peuple opiniastre:
Car d'autant que lon pense vser de cruauté,
D'autant en son orgueil se rend il incité.

E
ETERNITE DE DIEV
Ron. en l'hym. de l'Eternité

O grande Eternité merueilleux sont tes faits,
Tu nourris l'vniuers en eternelle paix,
D'vn lien aymantin les siecles tu attaches,
Et dessoubs ton grand sein tout ce monde tu caches,
Luy donnant vie & force, autrement il n'auroit
Membres, ame, ne vie, & confus periroit:
Mais la viue vertu le conserue en son estre,
Tousiours entier & sain, sans amoindrir ne croistre.
Tu es toute dans toy, ta partie, & ton tour,

Sans nul commencement, sans milieu, ne sans bout,
Inuincible, immuable, entiere & toute ronde,
N'aiant partie en toy qui dans toy ne responde:
Toute commencement, toute fin, tout milieu,
Sans tenir aucun lieu, de toutes choses lieu,
Qui fais ta deité du tout par tout estendre,
Qu'on imagine bien, & qu'on ne peut comprendre.

EGLISE PRIMITIVE
& ancienne.
Ronf. sur les troubles d'Amboise.

Que diroit on de voir l'Eglise à Iesuchrist,
Qui fut iadis fondee en humblesse d'esprit,
En toute patience, en toute obeissance,
Sans argent, sans credit, sans force ny puissance,
Pauure, nue, exilée, aiant iusques aux os
Les verges & les fouets imprimez sur le dos:
Et la voir auiourd'huy riche, grasse & hautaine,
Toute pleine d'escu, de rentes & dommaine?

Ioa. du Bellay en ses estats.

Du temps de la vertu l'Eglise ancienne
sainte, ne dedaignoit la pauureté Chrestienne,
Elle estoit le miroir de toute purité,
De toute sainte vie, & toute humilité:
Maintenant au contraire, on void qu'elle est l'exeple
Où toute volupté pourtraite se contemple.

ESTATS BIEN GARDEZ
sous bon Prince.
Du Bellay es estats.

Ainſi qu'au corps humain la benigne nature
Par les membres depart ſa propre nourriture
Autant que luy en faut, ſans permettre que l'vn
Sur l'autre vſurpe rien de l'aliment commun:
Ainſi le Prince doit d'vne meſme prudence
Maintenir ſes eſtats, gardant que la ſubſtance
De l'vn ne paſſe en l'autre, afin qu'egalement
Le corps vniuerſel ait ſon nourricement:
Et que pour eſtre trop l'vn des membres enorme
L'autre ne perde auſſi ſa naturelle forme.

ESPERANCE VAINE.

Ronſ. au Card. de Chaſtillon.

Quiconques a produit l'eſperance feconde
Mere des vanitez, il a produit au monde
La ſemence des maux (miſerables bourreaux)
Qui de nuit & de iour tourmentent nos cerueaux.
Ha mon Dieu! tu deuois pauure ſotte Pandore
La laiſſer enuoller loing de ta boëte encore,
Au ciel, ou en enfer, ie ne m'en ſoucie pas,
Pourueu que ſon ſeiour ne fuſt plus icy bas.

ENVIE, ET SA DESCRIPTION.

Ronſ. en l'hymne au Card. de Lor.

Aions l'eſtomach pur de la chetiue enuie,
Qui prenant vie en nous conſomme noſtre vie,
Comme vn ver, qui caché dans le bois, ſe nourrit,
Et tant plus s'y nourrit, & plus il ſe pourrit:
Ou comme on void le fer par ſa rouïlleure meſme

A la fin se manger, ainsi l'enuie blesme
La nourriſſant nous mange, & nous pince le cœur,
(Soit de nuit, ſoit de iour) de ſecrette ranqueur.
Auſſi ne faut il pas que le renom celeste
D'vn prince, ſoit taché de ſi villaine peste,
Mais ouuert à chacun familier benin,
Et ne conuer au cœur vn ſi meſchant venin.

Loys des Maſures à Ronſard.

Son viſage touſiours meſlé d'vn faux ſemblant
Eſt terny, triſte, pale, & d'vn parler tremblant
Tire vn ſubit eſclat, ſa langue enuenimée,
La poitrine a de fiel verdoiant animée,
Le corps attenué de langueur, & ſe ſouille
L'orde des rares dents d'vne vilaine rouille.
Son regard de trauers ne reçoit aucun riſ,
Sinon de voir malheur, ou quelques gens marris.
Le ſoucy qui ſans fin l'eſueille, & ſans propos,
Ny au cœur, ny aux yeux ne donne aucun repos:
Ains à voir quelque bien lequel ne luy plaiſt pas
Se paiſt, & s'ameſgrit meſme de ſon repas:
Ronge autruy, miſerable, & ſe ronge elle meſme,
Cauſe de ſa miſere & de ſa peine extreme.

EXPERIENCE DES CHOSES.
Le ſieur de Borderie en ſon voiage
de Conſtantinople.

Ne plus ne moins que par lire maint liure
Lon peut atteindre à parfaite ſcience,
Ainſi de l'œil la longue experience,

Le cours des lieux, & le diuers vsage,
C'est ce qui rend en fin l'homme tressage,
Auec cela que l'honneur ne s'acquiert
Que de celuy qui par peine le quiert.

ENFANT SUIT LES MOEVRS
du pere.
I. de la Peruse en sa Poësie.

Les forts naissent des forts, le craintif du craintif.
Le Lion du Lion, le cerf du Cerf fuitif,
De bon arbre bon fruit, bon vin de bonne vigne,
Et vertueux enfant de vertueuse ligne.

F.
FIANCE EN DIEV SEVL.
Loys des Masures es vers
Loriques.

De s'attendre à Roy ou à Prince
Au monde n'est que vanité,
En Dieu seul la fiance est seure,
De qui la parole demeure
Durable en toute eternité.

FOY ET VERITE' BANNIES
du monde.
Ronsard en sa Remonstrance.

La Foy, la Verité de la terre est bannie,
Et regnent en leur lieu luxure & Gloutonnie,
L'exterieur domine en tout ce monde icy,

Et de l'interieur personne n'a soucy.

FAIRE A AVTRVY CE QVE
nous voulons qu'on nous face.

Ronf. aux Meflanges.

Entre mille vertus tu as en vne bonne,
C'eſt de n'amuſer point vne pauure perſonne
Longuement à ton huys, attendant ſon profit
C'eſt vraimēt aymer Dieu, c'eſt connoiſtre ſoymeſme,
C'eſt eſtre pitoiable, & ne faire à ſon proeſme
Sinon le meſme tour qu'on voudroit qu'on nous fit.

FLATTEVR ET AMY
differents.
Ron. en l'Elegie au Card. de Chaſtillon.

L'homme ne peut ſçauoir de qui parfaitement
Il ſe peut dire aymé, quand il eſt hautement
Aſſis deſſus la rouë, & quand Dame Fortune
Le ſouleue aux honneurs d'vne main opportune,
Car à l'entour de luy peſle meſle ſont mis
Auſſi bien les flateurs comme les vrais amis,
Qui font ſemblable mine, & prompts à tout office
Preſſent les grands ſeigneurs de leur faire ſeruice
D'vne pareille ardeur, ſinon que le mocqueur
Preſſe plus que celuy qui aime de bon cœur.
Si quelque grand ſeigneur quelque choſe commāde,
Si bonnet, ou chappeau, ou mules il demande,
S'il veut aller dehors, s'il faut chercher quelqu'vn,
S'il faut l'accompagner, le flatteur importun

Est touſiours preſt d'aller & plein de diligence,
Deuant les vrais amis tout le premier s'auance,
Courant, ſuant, preſſant, pour mieux ſe faire voir
Du Seigneur dont il veut quelque bien receuoir.

FILLES MENAGERES.
Cl. Marot en l'Eglogue de la mort de Loyſe de Sauoye.

Ce n'eſt pas tout qu'auoir plaiſante forme,
  Bordes, troupeaux, riche pere & puiſſant,
Il faut prenoir que vice ne difforme
Par long repos voſtre aage floriſſant:
A trauailler ſoyez donques legeres,
  Que Dieu pardonne au bon homme Roger
Touſiours diſoit que chez les menageres
Oiſiueté ne trouuoit à loger.

FEMME DE SCAVOIR.
Le ſieur de Borderie en l'amie de Cour.

Femme de ſens & de gentil ſçauoir
En temps & lieu il la fait bon auoir,
Iaçoit qu'aucuns la blaſment grandement,
En l'appellant fraude d'entenuement.

FEMME AIME LIBERTE'.
Au meſme lieu.

La femme doit par ſa ſeule nature
Eſtre gardée, & non par priſon dure:
Enfermez la quelque part que voudrez.

Il est bien vray que le corps vous tiendrez
Mais l'esprit en liberté viura,
Et maugré nous son naturel suiura:
Lequel s'il tend a chasteté louable
La liberté le rend plus immuable.

FEMME AIMABLE.
An. Herouet au 3. de l'Amie.

Femme qui est aimee & amoureuse
Onques ne fut laide ou malicieuse.

FEMME MAVAISE.
G. Bouuin en sa Soltane.

O quelle misere pleureuse
Quand la femme maligne
Quelque entreprise ruineuse
Pourpense en sa poitrine:
Car deust elle estre au fond iettee
De l'onde stigienne
De son emprise proiettee
Faut qu'à suo elle en vienne.

De la Grauiere en ses Epigrammes.

Trouuer le feu sans sa chaleur,
Et sans frigidité la glace,
La neige de noire couleur,
Et en tous temps la mer bonasse,
Les Renards sans ruse & fallace,
Les chemins semez de ducats

Proces esteins entre Aduocats,
Sont choses de rare conqueste:
Mais c'est encore plus grand cas
Trouuer vne femme sans teste.

FEMME COMPAREE AV
Nauire.
Iaques Greuin en la Comedie
de la Thresoriere.

Celuy qui voudra s'empescher,
Qu'il entreprenne estre Nocher,
Pour dessus la grand' mer conduire
Par son conseil vne nauire,
Et vne femme : car au monde
Il n'y a rien qui plus abonde
En toutes affaires nouuelles,
Que les nefs & les Damoiselles.

FEMME CLAIRGESSE.
Ron.2.des Amours.

La mer est bien à craindre, aussi est bien le feu,
Et le ciel quand il est de tonnerres esmeu,
Mais trop plus est à craindre vne femme clairgesse
Et rusee en amour quand elle est tromperesse.
Par mille inuentions mille maux elle fait
Et d'autät qu'elle est femme, & d'autät qu'elle sçait.
      La femmme auec ses ruses dompte
L'homme, de qui l'esprit toute beste surmonte.

FEMME NVIT.

De

De la Grauiere de Bap. M.

L'ardeur du feu est beaucoup moins cuisante,
Moins nuit le coup de la pierre pesante,
Ou d'vne lance, ou d'vne forte lame,
Moins la mort est nuisante que la femme.

FORTVNE INCONSTANTE
en ses effects.

Ronsard aux Meslanges.

Fortune est de chacun la maistresse puissante,
Louable toutefois, car apres qu'elle, a fait
Par sa legereté aux hommes vn malfait,
Vn bien suit son malheur, tant elle est inconstante.

Ron. au Connestable.

La Fortune gouuerne, & en tournant sa roüe
Rid de nostre conseil, & de nos faits se ioüe,
Rien n'y sert la raison & la force de cœur,
Noblesse, ny parens, richesse, ny faueur,
Ny mesme la vertu, ny la Philosophie,
Qui s'arme en son sçauoir. La Fortune deffie
Les humaines raisons, & sans auoir lié
Sa force à nos conseils, les met dessous le pié:
Force qui n'a iamais nostre plainte escoutee,
Et qui dompte vn chacun, & n'est iamais dôptee.

I. de la Peruse en sa Medee.

Des Roys & grands Seigneurs la Fortune se ioüe

D

Et tourne à leur malheur le plus souuent la roüe:
La foudre rue bas les plus superbes tours,
Mais le toiɛ du Berger, sans peur, dure ses iours.

Ronf. au Card. de Chaftillon.

La Fortune s'attaque aux plus hautes personnes,
Elle renuerse en bas les Roys porte-couronnes,
Et des Princes plus hauts atterre les honneurs,
Elle rompt les credits, elle abat les Seigneurs,
Quãd en moins d'vn clin d'œil son visage elle vire.

C. Marot au Roy François.

On dit bien vray, la mauuaise Fortune
Ne vient iamais qu'elle n'en apporte vne,
Ou deux, ou trois auecques elle, Sire,
Voftre cœur noble en fçauroit bien que dire.

La Peruse en sa Medec.

Ceux qui osent beaucoup sont crains de la Fortune.
Mais les hommes couards touſiours elle importune.

G. Bouuin en sa Soltane.

Fortune les hardis & hautains fauorise,
Et des acouardis deuance l'entreprise.

FRANC ARBITRE.
Borderie en l'Amie de cour.

Il eft bien vray que l'esprit empesché

Eſt dans ce corps, qui n'eſt rien que peché:
Mais ſi a il par la grace diuine,
Ce franc vouloir qui commande & domine,
Et qui conduit par le mouuement ſien
Ceſte chair morte, à faire mal ou bien:
Dont tant qu'il eſt à vertu reſolu,
Le corps ne peut de vice eſtre polu.

FRANCE CAVSE DE SON MAL.
Ron. ſur les troubles d'Amboiſe.

France de ton malheur tu es cauſe en partie,
Ie t'en ay par mes vers mille fois aduertie
Tu es maraſtre aux tiens, & mere aux eſtrangers,
Qui ſe moquent de toy quand tu es aux dangers.

FRANCE EN SON AFFLI-
ction & calamité.
De la Grauiere pris de B.M.

En ce temps cy toute choſe decline,
Tout ſe perit en piteuſe ruine,
Les temples ſont pillez par les meſchants,
On void gemir le pauure ſur les champs,
La pauure vefue eſt ſans ſupport aucun,
Et l'orphelin reietté d'vn chacun
Qui eſt la cauſe à ce grand deſarroy?
C'eſt qu'auiourd'huy le plaiſir eſt la loy.

FOLLE CVRIOSITE'.
La Grauiere pris de B.M.

Qui veut nombrer les estoiles des Cieux
Qui veut sçauoir l'ordonnance des Dieux
Fol est parfait & vray fol qui connoistre
Veut du grand Dieu le naturel & l'estre,
Osant mesler son esprit foible & tendre
Auec celuy qui ne se peut comprendre.

G

GOVVERNEMENS DE
Repub. en trois manieres.

Ioa. du Bellay au Roy Fran. 2. en
ses estats.

Sire, les anciens entre tant d'autres choses
Qui sont en leurs escrits diuinement encloses,
Trois genres nous ont fait de tout gouuernement,
Lesquels ils ont nommez de ce qui proprement

emocratie Conuenoit à chacun : le premier Populaire,
Pource que tout passoit par la voix du vulgaire:

ristocratie Le second Seigneurie, où plus estoient prisez,
Ceux que le peuple auoit le plus authorisez:

onarchie. Le tiers ils ont nommé ceste vnique puissance
Par laquelle à vn seul tous font obeissance.

GVERRE, ET SES EFFETS.
G. des autels en vne Elegie.

Là ne sont en vsage
L'humanité, la foy, & le droit d'hostelage:
La haine habite là, l'ire, la cruauté,
L'effroy, la paour, la mort, & la desloiauté,

Il eſt impoßible en guerre
Entre vaillans ennemis
De mettre vn chacun par terre,
Sans iamais y eſtre mis.

H
HOMME SEVL RAISON-
NABLE.
Ioa. du Bellay.

Le ſeul homme diſcourt, ſeul s'explique & entend,
Et à diuers meſtiers ſon induſtrie tend:
Ce gentil animal qui regit toute choſe,
En la terre habitable a ſa demeure encloſe:
L'a domptee au labeur, les animaux a pris,
S'eſt fait chemin ſur mer, & pour n'eſtre ſurpris
S'eſt retiré au chef, comme en la fortereſſe,
Où deſſus tous les ſens Raiſon eſt la maiſtreſſe,
Leue les yeux au ciel, ſes deux celeſtes yeux,
Et de plus pres encor regarde dans les cieux,
Et là il cherche Dieu, & ſi ne ſe contente
Sans plus du front de Dieu, que le ciel repreſente,
Il fouille iuſqu'au fond, & touſiours s'approchant
Comme venu du Ciel, au ciel ſe va cachant.

HOMME DE BIEN.
Bonauenture des Periers.

L'homme de bien, l'homme ſage & prudent,
Eſt de ſoymeſme & iuge & preſident:

D iij

s'examinant iusques au dernier poinct,
Et si est tel qu'il ne luy en chault point
Que la Cour face, ou que le peuple die:
Il est semblable à la Sphere arondie
De l'vniuers, tout en soy recueilly,
Et par dehors tout rondement poly:
Il a egard sur tout au fondement,
Et aux appuis de son entendement,
En espluchant poinct par poinct à seiour
Ce qu'il a fait tant la nuit que le iour.

HOMME, SA NOBLESSE
& misere.

Nicolas Denisot, au seign. de Launay.

En moymesme ie dy, mon Dieu qu'est ce que l'home?
O que sa vie est brieue! il est comblé de dueil,
Voire des le berseau iusqu'au sombre cercueil,
Tant nous fut le malheur de la fatale pomme.
Tousiours sous le hazard nostre vie est en crainte,
En trainant apres soy la mort, qui pres le suyt,
Et ce pendant le temps legerement s'enfuyt,
Et puis voicy le iour qu'elle doit estre esteinte.
Ainsi voila comment la vie coule & passe,
Et puis nostre peché (qui est nombré si grand)
Enuers le createur incessamment nous rend
confus, pource qu'il est tousiours deuant sa face.
Quand ie voy d'autre part la dignité, l'essence
De l'homme, pour lequel le Createur a fait
Ce monde merueilleux diuinement parfait
En luy baillant du tout la superintendance.

Ie dy l'hôme estre heureux, s'il se sçait bien cônoistre,
  Et plus heureux encor, s'il sçait qu'en ce bas lieu
  Il est né seulement pour adorer son Dieu,
  Sô pere & createur, son seigneur & son maistre.
Bien que premierement à quatre pieds chemine,
  Muet comme la brute, encor plus imparfait,
  Tantost il se renforce, & deuient tout parfait,
  Portant l'accroissement d'vne vigueur diuine.
L'homme a la sapience & la'me raisonnable,
  Pour connoistre son Dieu, pour sçauoir diuiser
  Et le bien & le mal: le bien pour en vser,
  Le mal pour l'euiter, comme chose damnable.
De regarder en bas la brute est coustumiere,
  Mais le regard de l'homme au ciel est arresté,
  Pour regarder le lieu de l'immortalité.
  Dont celeste il a pris son essence premiere.
L'homme donques paruient par vertu & sçience
  A l'immortalité, qui est souuerain bien,
  S'il mesprise sa vie, & s'il se connoist bien
  N'aiant que de Iustice & de Dieu connoissance.

HOMME, ET DE SES DEVX
parties.
Marot en Robertet.

L'ame est le feu, le corps est le tyson,
L'ame est d'enhaut, & le corps inutile
N'est autre cas qu'vne basse prison,
En qui languit l'ame noble & gentile.

HOMME DIFFERANT
de l'homme.

D iiij

Ronf. au Cardi. de Lorraine.

Ce qui fait differer l'homme d'auec la befte,
Ce n'eft pas l'eftomach, ny le pied, ny la tefte,
La face, ny les yeux, c'eft la feule Raifon,
Et noftre efprit logé au haut de la maifon,
Du cerueau, fon rempart, qui le futur regarde,
Commande au corps là bas, & de nous a la garde:
Mais ce qui l'homme fait de l'homme differer
C'eft la feule parole, & fçauoir proferer
Par art ce que lon penfe, & fçauoir comme fage
Mettre les paffions de noftre ame en vfage.

Ia. Greuin en la Gelodacrie.

Les hommes font baftis d'vne mefme matiere
Ils entrent dans le monde en pareille maniere,
La terre leur eft vie, & leur donne aliment,
Ils refpirent enfemble vn commun element:
Ils font compofez d'os, de veines & artere,
De mufcles, de tendons, & à mefmes miferes
Ils font affuiettis: encor ne peut on voir
Deux hommes accordans en vn mefme vouloir:
Tu en vois quelques vns de corps èftre femblables,
De la face, & du port, mais d'efprit diffemblables.

HOMME SEVL OFFENSE
DIEV.
Ron. en l'Hercule Chreftien.

Certes, ô Dieu! toutes beftes fauuages
Qui fur les monts, & qui par les boccages,

Et par les champs, vont de chafque cofté
Pour fe nourrir, n'offence ta bonté,
Tous les oifeaux qui parmy l'air fe iouent,
Tous les poiffons qui par les ondes nouent,
Tous les rochers, les plaines, & les bois,
Pales de peur, tremblent deffoubs ta voix,
Pales de peur, tremblent deuant ta face,
Sy ton courroux tant foit peu les menace.
L'homme fans plus, (l'homme que tu as fait
Par deffus tous animal plus parfait,
En qui tu mis les traits de ton image,
Et deuers toy luy cauffas le vifage,
A qui tu fis tant de graces auoir,
En qui tu mis iugement & fçauoir)
Seul feul t'offence : & ingrat par fa faute
Bleffe l'honneur de ta maiefte haute.

HOMME SVGET AVX MISE-
res du monde.

Ronfard à l'Euefque de Condon.

Auant que l'homme foit en ce bas monde né
Pour fouffrir mile maux il eft predeftiné
L'vn meurt dedãs fon lit, l'autre meurt en la guerre,
L'autre meurt fur la mer, l'autre meurt fur la terre :
Et quoy que lon fe cache es pays eftrangers,
On ne fuit pour cela la mort, ny les dangers :
Car mort, peine, foucy, maladie & dommage
Sont ordonnez du Ciel aux hommes en partage.

Sy Dieu nous auoit faits exemps de tout malheur,
Comme anges, non fugets à peine & à douleur,

On ne connoiſtroit point la vertu de prudence,
La magnanimité, la force, & la conſtance,
Que connoiſtre on ne peut en la prosperité,
Quand fortune nous rit, mais en l'aduerſité,
Lors que la maladie, ou lors que la triſteſſe,
Ou lors qu'en la priſon le lien nous oppreſſe.

Certes, mon PISSELEV, il n'eſt pas de beſoing
Que l'homme ſoit touſiours deliuré de tout ſoing,
Mais il faut quelquefois qu'à ſon tour il endure,
Apres vn doux plaiſir vne triſteſſe dure
S'il veut bien longuement ſon eſtre conſeruer:
Car qui voudroit touſiours en vn point ſe trouuer
Il ne pourroit durer : telles loix fit Nature
Des le commancement à toute creature.

On ne voit pas touſiours en meſme eſtat les cieux
Quelquefois ils ſont beaux, quelquefois pluuieux,
Apres le renouueau vient l'eſté, puis l'automne,
L'hyuer automne ſuit, puis le printemps retourne.
Sy donq tout eſt ſuget à ſe muer ſouuent,
L'homme qui n'eſt ſinon que fumee & que vent,
Comme le fils du temps, ne doit trouuer eſtrange
Sy quelquefois d'eſtat comme ſon pere il change:
Et nous voions cela pour mieux l'homme aſſeurer
Que rien ferme ne peut en ce monde durer.

Quand il nous ſuruient donc vne fortune amere
Il la faut prendre ainſi que s'elle eſtoit proſpere,
Et ne murmurer point, mais patient ſouffrir
Tout ce qui plaiſt à Dieu pour preſent nous offrir.

HOMME SCAIT BIEN ET MAL

I. du Bellay au Card. ſon oncle.

L'homme seul en sa naissance
Par gemissemens & pleurs
Tesmoigne son impuissance,
Presage de ses malheurs.
Il ne faut pourtant que l'homme
Entre tous les animaux,
Seul miserable se nomme,
Esclaue de tant de maux.
Aiant de Raison l'vsage
Qui n'est en autre animal.
Fait que l'homme qui est sage
Discourt le bien & le mal.
Voila pourquoy nous ne sommes
D'vn mesme desir domtez,
Autant que nous voyons d'hommes
Autant sont de voluntez.

HOMME S'AIOVSTE MAL
sur mal.

Ronsard aux odes.

L'honneur, proces, l'amour, la rancœur, la feintise,
L'ambition, l'orgueil, lire, & la conuoitise
Et le sale appetit d'amonceler des biens,
Sõt les maux estrãgers que l'hõme adiouste aux siẽs.

HOMME EXPERIMENTE
du Bellay en la lyre chrestienne.

L'homme rusé par long vsage
N'est folement auantureux,

Mais qui par son peril est sage
Celuy est sage malheureux.

HOMME EXPERIMENTE
doit enseigner les autres.
De la Grauiere pris de B. M.

Or tout ainsi que le marinier sage
Qui sur la mer a souffert maint orage
Peut aux nouueaux nautonniers remonstrer:
Et les perils de loing leur demonstrer
semblablement l'homme qui a prudence
Par long vsage & seure experience
De ses malheurs il se doibt souuenir
Et remonstrer l'infortune à venir.

HOMME BON COMPARE
à la terre.
Ronsard à monsieur de Foix ambassadeur
du Roy.

Quand vne terre est de nature bonne
Elle produit le forment qu'on luy donne,
Pleine d'vsure, & l'homme bon produit
A double grain fertilement son fruict.

HOMME CONSTANT
Ioachin du Bellay à Christophle du Breil.

O malheureux qui bastit esperance
Sur fondement d'incertaine asseurance!
O bien heureux qui de rien ne s'estonne

Et ne paliſt quand le ciel iré tonne,
Ceſt homme là pour vray iamais ne tremble,
Bien que le Ciel à la terre s'aſſemble,
Car Dieu a bien ſa fortereſſe munie
Contre fortune & contre calomnie.

HOMME FABLE DES HOMMES.
Ron. es Maſcarades.

Tandis que nous auons des muſcles & des veines,
Et du ſang nous auons des paßions humaines,
Chaſcun ſonge & diſcourt, & dit qu'il a raiſon,
Chaſcun s'opiniaſtre, & ſe dit veritable,
Apres vne ſaiſon vient vne autre ſaiſon,
Et l'homme ce pendant n'eſt ſinon qu'vne fable.

HOMME HEVREVX EN SA
ſimple nature,
Ronſard aux predicans

celuy n'eſt pas heureux qu'on monſtre par la rue,
Que le peuple connoiſt, que le peuple ſalue,
Mais heureux eſt celuy que la gloire n'eſpoint,
Qui ne cōnoiſt perſonne, & qu'on ne connoiſt point.

HOMME PRVDENT
Poete incertain.

Tantoſt bon heur tantoſt malheur ſuruient
L'homme prudent prent le temps comme il vient

HOMME BIENHEVREVX
qui ſe contente de la vie priuee.

Ioach. du Bellay en ses regrets.

O qu'heureux est celuy qui peut passer son aage
Entre pareils à soy, & qui sans fiction
Sans crainte, sans enuie, & sans ambition,
Regne paisiblement en son pauure mesnage.
Le misérable soing d'aquerir d'auantage
Ne tirannise point sa libre affection,
Et son plus grand desir, desir sans passion,
Ne s'estend plus auant que son propre heritage.
Il ne s'empesche point des affaires d'autruy,
Son principal espoir ne despend que de luy,
Il est sa cour, son Roy, sa faueur, & son maistre:
Il ne mange son bien en pays estranger
Il ne met pour autruy sa personne en danger
Et plus riche qu'il est ne voudroit iamais estre.

Ia. Greuin en sa trag. de Cesar.

Heureux & plus heureux l'homme qui est contant,
D'vn petit bien aquis, & qui n'en veut qu'autant
Que son train le requiert: car il vit à sa table
Tousiours accompagné d'vn repos desirable:
Il n'a soucy d'autruy, l'espoir des grans thresors
Ne luy va martelant ny l'ame ny le corps.
Il se rid des plus grans, & leurs, maux il escoute,
Il n'est craint de personne, & personne il ne doute,
Il void les grans seigneurs, & contemplant de loing
Il rid leur couoitise, & leurs maux, & leur soing:
Il rid les vains honneurs qu'ils bastissent en teste,
Dont les premiers de tous ils sentent la tempeste,

Sy le Ciel murmurant les voit d'vn mauuais œil
Accablant tout d'vn coupt le bon heur & l'orgueil.

L. des Masures es vers liriques.

Celuy en terre est bien heureux
Qui se tient riche & plantureux,
Du bien que l'Eternel luy donne:
Qui n'ard d'amasser desireux,
Et qui ne s'esueille, paoureux,
Au bruit de l'alarme qui sonne,
Dont il frissonne.

G. Bouuin en sa Soltane.

Mil & mil fois heureux celluy
Dedans son heritage,
Qui se tient sans faire a autruy
Nuisance ne dommage.
* Heureux celluy qui vit contant*
Auecques sa famille,
Sans qu'il s'en voise frequentant
La cohorte ciuile.

HOMME NON HEVREVX
deuant son trespas,

Ronsard au voyage d'Arcaiel.

Iamais l'homme tant qu'il demeure
*   Ne demeure*
Bienheureux parfaictement:

Tousiours auec la liesse
La tristesse
Se mesle secrettement.

HOMME HEVREVX PAR
souhaits limitez.
Cle. Marot.

Amy voicy si tu le veux sçauoir
Qui fait à l'homme heureuse vie auoir.
Successions, non biens aquis à peine,
Feu en tout temps, maison plaisante & saine,
Iamais proces, les membres bien dispos,
Et au dedans vn esprit à repos:
Contraire à nul, n'auoir aucuns contraires
Peu se mesler des publiques affaires
Sage simplesse, amis à soy pareils,
Table ordinaire & sans grans appareils:
Facilement auec toute gent viure,
Nuict sans nul soing, n'estre pas pourtant yure,
Femme ioieuse, & chaste neantmoins,
Dormir qui fait que la nuict dure moins:
Plus haut qu'on est ne vouloir point atteindre
Ne desirer la mort, ny ne la craindre,
Amy voila si tu le veux sçauoir
Qui fait a lhomme heureuse vie auoir.

L'Eslu Macault.

Liens successifs, & non aquis à peine,
Terre fertile, & feu qui tousiours dure,
Iamais proces, peu de charge en vn regne,

L'esprit

L'esprit posé, forte & saine nature,
simplesse sage, amis de sa mesure
Doux entregent, repas non superflus,
Nuict non troublée, ains deliure de cure,
Femme ioieuse, & pudique au surplus,
Vn dormir court qui les nuicts ne mesure
Ce que l'on est vouloir estre, & non plus:
Ne desirer la mort, ny craindre aussi,
Font viure l'homme heureux & sans soucy.

HOMME HEVREVX EN
diuerses manieres.
Io. du Bellay en la lire Chrest.

Bien heureux donques est celuy
Qui a fondé son asseurance
Aux choses, dont le ferme appuy
Ne dement point son esperance:
C'est luy que nulle violence
Peut esbransler, tant seulement
Sy bien il se contrebalance,
En tous ses faicts egalement.

I. Anth. de Baïf en sa Francine.

O bien heureux celuy qui borne son desir
En tant qu'il peult auoir du desir iouissance:
O bien heureux celuy qui selon sa puissance
Vn faict assez aisé sagement sçait choisir.

Ron. aux meslanges à I. Brinon.

O fortuné celuy qui bien loing de la guerre

E

Cultiue en longue paix l'vsure de la terre,
Et qui iamais au lit ne se vit estonner
D'ouir au poinct du iour la trompette sonner:
Qui ne sçait quel mot c'est que cargue, camisade,
Sentinelle, diane, escarmouche, embuscade,
Mais qui plein de repos en la grise saison
Attend au coing du feu la mort en sa maison:
Afin qu'il ait les yeux clos des mains de sa fille,
Et qu'il soit mis en terre aupres de sa famille.

G Bouuin en sa Soltane.

Heureux ceux qui de leurs desseins
Inesperez iouyssent
Et cachément dedans leurs seins
Seulets s'en resiouissent.

Amiot en son Plutarque.

Heureux celuy qui pour deuenir sage
Du mal d'autruy fai t son apprentissage.

HOMME RVSTIQVE
bien heureux.

Ronsard au Cardinal de Chastillon.

O bien heureux celuy qui peut vser son aage
En repos, labourant son petit heritage,
Qui loing de ses enfans, charitable, ne part.
Qu'vne mesine maison a veu ieure & vieillart,
Et qui par les moissons au printemps retournees,

Et non pas par les Rois va comptant les annees.
Qui se souſtient les bras d'vn baſton appuiez,
Parmy les champs ou ieune alloit à quatre pieds:
Qui voit les grans foreſts qu'il plantoit en ieuneſſe
D'vn meſme aage que luy paruenir en vieilleſſe:
Voit ſes bœufs, ſes agneaux, qui reuiẽnẽt de paiſtre,
Et brief qui aime mieux ceſte vie champeſtre,
Semer, enter, planter, franc d'vſure & d'eſmoy,
Que ſe vendre ſoy meſme au ſeruice d'vn Roy.

Merlin de S. Gelais.

O bien heureux qui a paſſé ſon aage
Dedans le clos de ſon prepre heritage,
Et n'a de veuë eloigné ſa maiſon,
En ieunes ans ny en vieille ſaiſon.
Qui d'vn baſton porté & ſecouru
Va par les champs ou ieune il a couru,
Et de proces n'ouit onques le bruit,
Qui empeſchaſt de ſon aiſe le fruict:
Mais tout rural & inexercité
A peine a veu la prochaine cité:
Se contentant, loing de mur & de tour,
De voir à plein le beau ciel tout autour.
Et ſeulement connoiſt les ans paſſez
Aux fruicts qu'il a d'an à autre amaſſez.
Quand ſon iardin verd & fleury deuient
Il connoiſt bien que le printemps reuient,
Et que l'automne eſt quand tout fructifie,
Voila ſon art & ſa philoſophie.

Ioach. du Bellay en l'ode viii.

E ij

Le doux sommeil plustost habite
La maisonnette humble & petite
Du Berger ou du laboureur,
Que le palais d'vn Empereur.

Ia. Pelletier en ses œuures poëtiques.

Bien heureux ie repute l'homme
Loingtain d'affaires, ainsi comme
Iadis nos peres souloient viure:
De ses bœufs les champs cultiuant,
Que son pere eut en son viuant,
D'vsure tout franc & deliure.
    Il ne s'esueille aux fiers alarmes,
Des trompettes suyuant les armes,
Et ne craint Neptune irrité:
Fuit le palaix tumultueux
Et les hauts logis sumptueux.
Des grans Seigneurs de la cité.

Autheur incertain en la Sauffoie.

O du Pasteur la tresdouce richesse!
Heureux repos esloigné de tristesse,
Qui en hyuer, Printemps, Automne, esté
Nourrit en soy toute Ioieuseté:
Vuide de crainte, & d'espoir est deliure,
Qui l'homme abuse, & maints desirs nous liure:
En son cœur haut mesprise & a en haine
L'auoir des Rois, richesse (certes) vaine,
Et vit content en sa logette honneste,
Seure de vents, de pluye, & de tempeste:
O bien heureux celuy qui peut de sa memoire,
effacer pour Iamais ce vain espoir de gloire,

Pour ſon troupeau & ſoy rendre contens
D'eſtre couuerts aux iniures du temps.
Il eſt ſeigneur des bois grans & eſpais
Deſquels il n'a que doux ſejour & paix
Et n'a ſoucy en ſon entendement
Qu'à cueillir fleurs pour ſon contentement
Heureux paſteur, ſy ſe peut dire heureux
Homme qui vit en ce val tenebreux.

HOMME PENSE ET
Dieu opere.

Poëte incertain.

Ce que l'homme propoſe
En ſon entendement
L'Eternel le diſpoſe
Souuent tout autrement.

L'HOMME LASCHE INDIGNE
de ſon honneur.

Tahureau en la conſtance
de l'eſprit.

L'homme eſt indigne de l'honneur
D'eſtre dit homme, aiant le cœur
Si laſche & bas qu'il ne peut eſtre
De ſes affections le maiſtre:
Celuy qui ne peut endurer
Vn ennuy ſans le moderer
D'vne atrempence meure & ſage
coulant à tout deſir volage

E iij

A peine d'vn homme parfaict
A il seulement le portraict
  Par pleurs, & cris & par helas
Son mal on ne soulage pas,
Mais bien au contraire la rage
Ne s'en accroit que d'auantage:
Et comme par trop retaster
L'on faict la douleur augmenter
D'vne playe encores nouuelle
Ainsi le mal se renouuelle
Plus cruel tant plus dans son cœur
L'on en refrechit la douleur.

HOMME SVGET A LA
mort.
Berard de Gerard sur le trespas
du Roy Henry.

L'homme basti de terre à la terre retourne,
Et pelerin du monde, au monde ne seiourne
Qu'vne heure seulement, & n'est que spectateur
Du bastiment du monde, & non habitateur,
Empenné de tous maux il vole par son aage,
Et coulle vistement par le fascheux voyage
De ceste vie humaine, auecques tout danger,
Et au soir de ses ans chez la mort va loger
  L'homme qui est l'image & miracles des dieux,
Qui seul des animaux peut contempler les cieux,
Qui seul a la raison dans le chef engrauee,
Et qui seul a la teste aux astres eleuee,
Court tousiours par le monde, & ne peut s'arrester,

il se sent maugré luy par les ans emporter.
Iamais il ne retourne, & par la où il passe
Apres qu'il est passé on ne connoist la trace:
Tant d'vne course isnelle & d'vn marcher dispos
Dedans sa vie il court pour aller au repos:
Et apres que son ame aux cieux est elancee
On ne voit que le nom de la vie passee.

Bien que l'aube tousiours aueques son vermeil.
Vienne embellir la terre, & bien que le Soleil
Tousiours luise pareil l'homme qui les contemple
Qui de tous accidents est le but & l'exemple,
Onq pourtant ne reuient: car par vn seur destin
La mort le vient surprendre au milieu du chemin:
Ou de ses traits mortels (cruelle) elle l'enserre,
Et de terre venu le renuoie à la terre.

La mort n'a exempté de ses seueres loix
Ny braues Empereurs, ny monarques, ny Roys,
Et frappe egalement les petites boutiques
Des pauures artisans, & les palais antiques.

Aux bons & aux mauuais est la mort ordonnee,
L'vn ne l'autre ne peut fuyr sa destinee,
Mais le bon en mourant laisse le bon renom,
Et le mauuais mourant laisse le mauuais nom.
Le bon laisse la plainte, & la longue memoire,
Le regret & l'honneur, la louange & la gloire:
Car la mort ne peut pas de ses dards plus pointus
Enfoncer le bouclier du los & des vertus.

L'HOMME DOIT ESTRE
constant à la mort.

Tahureau en sa constance de l'esprit.

L'homme qui est constant & fort
Ne se troublera pour la mort
De frere, de seur ny de mere,
De cousin, d'amy, ny de pere.
Et moins pour perte de ses biens
Legers muables terriens:
Fut il banni de sa prouince
Par flateurs mal venu du Prince
Il doit en son aduersité
Estre tel qu'en prosperité.
   Connoissant que ce Dieu parfaict
Qui tout en tout ce monde fait
Sagement icy bas dispose
De ce que l'homme en vain propose
Il faut aussi que les destins
Dont il a mesuré les fins
Prennent leurs cours, sans que lon pense
En passer d'vn doy la puissance
Nous deuons nous aussi douloir
De voir accomplir son vouloir?

HONNEVR DEV A DIEV
& aux Roys.
Ron. à monsieur du Thier.

Qui fait honneur aux Rois il fait honneur à Dieu,
Les Princes & les Rois tiennent le plus grand lieu
Apres la deité: & qui reuere encore
Les seruiteurs du Roy, le Roy mesme il honore.

HONNEVR DV PRINCE
du Tronchet en ses missiues.

Le Prince est bien plus grãd & d'hõneur & de pris,
Quand plus d'hommes il a nobles & bien appris,
Et plus cher a de voir fortifier ses villes
De gens de bien d'honneur, que de gens inutiles.

HONNEVR MONDAIN
peu durable.
Ron. au Card. de Lorraine.

C'est peu de cas, Prelat, de cest honneur mondain,
Qui plus tost que le vent du iour au lendemain
S'enfuyt, & longuement ne seiourne nostre hoste,
Car vn iour nous le dõne, & l'autre iour nous l'oste.

HONNEVR IOINCT
au bien.
Ron au Card. de Chastillon.

Car l'honneur sans le bien laisse l'homme en arriere,
Et le bien sans l'honneur ne profite de guere.

HONNEVR D'ESTRE VAINCV.
I. A. de Baïf en la Francine.

L'honneur surmonte
La foible honte
S'en est vaincu par vn braue vainqueur.

HONNEVR NOVRRICIER
des armes.
Greuin en la Trag. de Cesar.

L'honneur est le seul nourricier

De la proüeſſe d'vn guerrier,
c'eſt l'eſperon qui ſeul le pique
Defendant vne Republique.

HONNEVR IOINCT
au labeur.
Ron. en l'hymne du Roy.

Auec le bel honneur le labeur eſt vtil,
Quand on cultiue vn champ qui eſt gras & fertil.

HISTOIRE SERT A TOVS.
Ron. en vne Elegie.

L'hiſtoire ſert aux Roys, aux Senats & à ceux
Qui veulent par la guerre auoir renom de preux:
Et brief, touſiours l'hiſtoire eſt propre à tous vſages:
C'eſt le teſmoin des temps, la memoire des aages,
La maiſtreſſe des ans, la vie des mourans,
Le Tableau des humains, miroer des ignorans,
Et de tous accidens meſſagere chenue.
Par qui la verité des ſiecles eſt cogneue,
Qui n'enlaidit iamais, car tant plus vieille elle eſt
Plus elle ſemble ieune, & plus elle nous plaiſt.

HISTOIRE ET POESIE
& leurs differences.
Ioachim du Bellay au Roy Henry 2.

L'hiſtoire ſans vſer d'aucune fiction
Repreſente le vray de chacune action,
Comme vn qui ſans oſer s'eſgaier d'auantage

Rapporte apres le vif vn naturel visage.
Le Poëte hardy d'vn art non limité
Sous mille fictions cache la verité,
Comme vn peintre qui fait d'vne braue entreprise
La figure d'vn camp, ou d'vne ville prise.
Vn orage, vne guerre, ou mesme il fait les Dieux
En façon de mortels se monstrer à nos yeux.

HOMME SE DOIT EXERCER
en vertu.

Iean Vezou.

Tout le loisir que peut auoir l'homme sur terre
Iusqu'a ce que la mort le renuerse & atterre,
Ne doit estre en plaisir ne vices despensé,
Mais en toutes vertus iustement dispensé:
Afin que quand viendra que la meurtriere parque
Nous aura fait passer par l'infernale barque,
La Fame n'ait raison de pouuoir reprocher
Que par nostre deffaut la mort ait peu cacher
Sous vn mesme tombeau le corps & la memoire
Comme de ceux qui n'ont rien fait digne de gloire.

HEVR EST DE DIEV,
& non de Fortune.

De la Grauiere pris de B.M.

L'homme n'est sage
Par le moien de Fortune volage:
C'est son bon sens qui le rend auisé,
Tant honoré, sage & authorisé,

L'homme n'est point de Fortune fait riche
Ains du seul Dieu opulent & non chiche.

I

INCONSTANCE DV MONDE,
& des choses estans en iceluy.
Ronsard en l'hymne de la mort.

S'il y auoit au monde vn estat de duree,
Si quelque chose estoit en la terre asseuree
Ce seroit vn plaisir de viure longuement:
Mais puis qu'on n'y void rien qui ordinairement
Ne se change & rechäge, & d'inconstäce abonde,
Ce n'est pas grand plaisir que de viure en ce möde.

Ron. au Card. de Chastillon.

Tout cela qui depend de nostre vie humaine
Est suiet à douleur, à tristesse & à peine
Au change & au rechäge, & n'a rien tant certain
Qu'il ne soit ebranlé du soir au lendemain.

Ioa. du Bellay, à P. de Ronsard.

O que peu durable
(Chose miserable)
Est l'humaine vie!
Qui sans voir le iour
De ce clair seiour
Est souuent rauie.
Que sont deuenus
Les murs tant connus

De Troie superbe?
Ilion est comme
Maint Palais de Rome
Caché dessous l'herbe.
Torrens & riuieres,
 Bruiantes & fieres,
 Courent en maints lieux,
 Où rochers & bois
 Sembloient autrefois
 Menasser les cieux.
Les fieres montagnes
 Aux humbles campagnes
 On void egalees,
 Maints lieux foudroiez,
 Les autres noiez
 Des vndes salees.
Regnes & Empires
 En meilleurs & pires
 On a veu changer:
 Maint peuple puissant
 Ses loix delaissant,
 Suiure l'estranger.

De la Peruse en ses Poësies.

Comme le branler d'vne onde,
 Les choses sont en ce monde
 Inconstantes, & n'ont point
 De fermeté vn seul poinct.
Les iours apres les iours coulent,
 Les mois s'en vont, les ans roulent,

Soudain ieuneſſe s'enfuyt,
Soudain vieilleſſe la ſuyt.
Et tous nos plaiſans eſbats
Touſiours ne nous durent pas,
Car ſous le ciel tout perit,
Fors la vertu de l'eſprit.

Tahureau.

On ne void rien en ces bas lieux
Qui ne ſoit remply d'inconſtance,
Et rien ne couurent ces hauts cieux
Où l'on puiſſe prendre aſſeurance:
Comme l'vn va, l'autre reuient,
L'vn mourant, l'autre prend naiſſance,
L'vn que la richeſſe ſoutient,
Soudain la pauureté menace:
Et l'autre en faueur ſe maintient,
Qu'on void bien toſt mis hors de grace.
Ainſi de pas tous inconſtans
Les hommes roulent en ce monde,
Et toutes choſes ont leur temps
Deſſous ceſte machine ronde:
D'entre cent mille on n'en void point
Vn ſeul qui à l'autre reſponde,
Mais ſi l'on trouue de tout poinct
Au monde vne amour naturelle,
C'eſt bien celle là qui nous ioinct
D'vne alliance fraternelle.

IMPVDENCE.

Ron. au Card. de Chaſtillon.

L'impudence nourrit l'honneur & les eſtats,
L'impudence nourrit les criars Aduocats,
Nourrit les courtiſans, entretient les Gendarmes:
L'impudence auiourd'huy ſont les meilleures armes
Dont lon ſe puiſſe aider, meſme à celuy qui veut
Paruenir à la cour, où la Vertu ne peut
Pour vertu ſe monſtrer, ſi l'impudence forte
A l'huys des grands Seigneurs ſur le dos ne la porte

INNOCENCE.
Du Bellay, Ode 10.

Qui vers le ciel les mains renuerſera,
L'œil, & le cœur, & la doulce faconde,
Des bien-heureux, le plus heureux ſera,
Et la fureur de l'air ne bleſſera
Ses bleds ioieux, ny ſa vigne feconde.

IOVG DE IESVCHRIST.
Ron. en l'hymne de la mort.

Le ioug de Ieſus Chriſt gracieux & leger
Nous ſoulage le dos en lieu de le charger.

IOVG D'AMOVR.
I. A. de Baif en ſa Francine.

O qu'il eſt malaiſé depuis qu'on a ploié
Deſſous le ioug d'Amour, de pouuoir s'en deffaire,
Et qu'on y a le col eſtroitement lié.

IVSTICE ET SES EFFETS.
Ronsard en l'hymne de Iustice.

Dieu transmit la Iustice en l'aage d'or ça bas,
Quand le peuple innocent encor ne vinoit pas
Comme il fait en peché : ceste sainte Deesse
S'apparoissoit au peuple, & ne fuiant la presse,
Les preschoit & prioit d'euiter la malice,
Et de garder entre eux vne sainte police :
Fuir proces, debats, querelle, inimitié,
Et d'aimer charité, paix concorde & pitié,
Ce qu'ils gardoient de gré : mais toute chose passe,
Et rien ferme ne dure en ceste terre basse.

Par Iustice le Roy sur le peuple a puissance,
Et le peuple son serf luy rend obeissance.
Elle nous a monstré comme il faut adorer
Le seul Dieu eternel, comme il faut honorer
Pere, mere, parens, & quelle reuerence
On doit aux morts, de peur de troubler le silence.

Dieu qui le ciel habite a tousiours en soucy
Ceux qui aiment Iustice, & qui la font aussi,
Et tousiours en honneur fleurissent leurs enfans,
Et ne meurent iamais qu'assoupis de vieux ans.

Mais ce Dieu tout puissant iamais son cœur n'ap-
Contre celuy qui fait la Iustice mauuaise,   (paise
Qui par argent la vend, & qui corrompt, malin,
Le bon droit de la vefue, ou du pauure orphelin,
Il luy garde tousiours vne dure vengeance,
Qui lente pas à pas talonne son offense :
Car Dieu sur les Palais s'assiet pour le refuge
Des pauures, d'où son œil remarque le bon iuge :

Pour

Pour le recompenser selon qu'il a bien fait,
Et le faux iuge, afin de punir son meffait.

IVSTICE MAL ADMINISTREE,
Poëte incertain.

Faute de maintenir Iuftice eftroitement
Fait le peuple mutin viure diffolument,
Outrageux à commettre iniures & offenses,
Ou eftre fuperflu en eftats & defpenfes.

IVGES SONT VEVZ
de Dieu.
Ron. en la Remonftrance.

Il faut fans auoir peur des Princes ny des Roys
Tenir droit la balance, & ne trahir les loix
De Dieu, qui fur le fait des Iuftices prend garde.
Et affis aux fommets des citez vous regarde.
Il perce vos maifons de fon œil tout voiant,
Et grand iuge il connoift le iuge foruoiant,
Par prefens alleché, ou celuy qui par crainte
Corrompt la maiefté de la Iuftice fainte.

IVGES VERTVEVX DIGNES
d'honneur & de falaire.
Remy Belleau.

La Vertu fait affeoir cefte troupe honoree
Sur les bancs que tu vois en la Chambre doree
Et fi lon banniffoit l'honneur auec le gaing
Ce grand Palais vouté ne feroit pas fi plain,

F

Mais vuide demourroit, & ceste cour deserte
Ne se verroit que d'herbe & de mousse couuerte

IVGES MESCHANS AIMENT
mieux la pecune que la Iustice.
Poëte incertain, au Chancel. de l'Hospital
en vne Elegie.

Adieu vous dy les loix des anciens Cesars,
Et adieu la vertu, la science & les arts,
Adieu les saintes mœurs, la bonté, la sagesse,
Si sans tant de trauaux les meschans par richesse
Nos iuges peuuent estre, & pour toutes vertus
Conter sur le bureau vn grand nombre d'escus.

IRE DV PRINCE A EVITER.
C. Marot, au Roy François.

A vn suiet l'œil obscur de son Prince
Est bien la chose en la terre habitable
La plus à craindre, & la moins souhaitable,

Autheur incertain.

L'ire d'vn Roy est grande & redoutable,
Et sa fureur du tout insupportable:
Car le pouuoir par lequel il domine,
Vient droitement de la faueur diuine:
Et est tousiours vn Roy aimé de Dieu,
Veu qu'il commande icy bas en son lieu.

IRE A RESISTER
difficile.

Amiot.

Difficile eſt à l'ire reſiſter,
Car ſi elle a de quelque choſe enuie
Elle oſera hardiment l'achepter
De ſon ſang propre au peril de ſa vie.

IEVNESSE BIEN ENSEIGNEE.
Ron. à Loys Ronſard ſon nepueu.

Iamais en nulle ſaiſon
 Ne cagnarde en ta maiſon,
 Voy les terres eſtrangeres,
 Ou fay ſeruice à ton Roy.
 Et garde touſiours la loy
 Que ſouloient garder tes peres.
Ne ſoy menteur ne paillard
 Yurongne ne babillard,
 Fay que ta ieuneſſe caulte
 Soit vieille dedans le temps:
 Si bien ces vers tu entends
 Tu ne ſeras iamais faute.

Poëte incertain.

Fuyr matiere de tout vice,
 Hayr peché, aimer iuſtice,
 Et par bonne operation
 Repouſſer la tentation.
Ne s'adonner à gourmandiſe,
 Ny au vin, moins en friandiſe.
 Fuyr touſiours oiſiueté,

La mere de mechanceté.
Vaquer à labeur & estude,
Ne suiure point la multitude
De ces coureurs & vagabons
Mais adherer tousiours aux bons.

IEVNESSE FORTE A PASSER.

Marot en la deploration de Robertet

Bon homme vieil, pourquoy prens tu enuie
De retourner en ta ieunesse pleine?
Peux tu rentrer en misere asseruie
Dont eschappé tu es à si grand' peine?

IOYE ET TRISTESSE

compagnes.
Marot en son Enfer.

Comme douleurs de nouuel amassees
Font souuenir des liesses passees.
Ainsi plaisir de nouuel amassé
Fait souuenir du mal qui est passé.

ISLE FORTVNEE, FEINTE

pour la felicité eternelle.
Herouet au 2. liure de la parfaite Amie.

On dit que pleine est vne isle de biens,
D'arbres, de fruits, de plaisante verdure,
Qu'en elle a fait son chef d'œuure Nature,
Et qu'immortels les hommes y viuans
Sont tous plaisirs & delices suyuans:

Là ne se rend, ny iamais n'a esté.

Froideur d'hyuer, ny la chaleur d'esté,

La saison est d'vn gracieux printemps,

Où tous les plus malheureux sont contens.

De son bon gré terre produit le bien,

On ne dit point entre eux, ny tien ny mien,

Ceste isle là se nomme Fortunée,

Et (comme on dit) par Roine est gouuernee,

Si bien parlant, si sçauante & si belle

Que d'vn raion de la grand' beauté d'elle

Tous les païs voisins sont reluisans.

   Quand elle void arriuer courtisans,

Et aspirer à sa felicité,

Qu'elle promet à ceux de sa cité,

Les estrangers fait ensemble venir,

Lesquels deuant que veuloir retenir

Enuoie tous dormir en sa maison.

Quand assez ont dormy selon raison

On les reueille, & viennent deuant elle,

Rien ne leur sert excusé ne cautelle,

Ny beau parler, ny les importuns cris:

Dessus leurs fronts sont leurs songes escrits.

   Qui a les chiens & les oiseaux songé

A promptement de la Roine congé,

Ou les renuoie aueques telles bestes.

   Qui a resué d'estre rompeur de testes,

D'entretenir guerre & sedition,

Honneurs mondains, extreme ambition,

Semblablement est de la cour banny.

   Qui a le front pasle, mort & terny,

Monstrant desir de biens & de richesse

De luy ne veut la Roine estre maistresse
Brief des dormeurs nul en l'isle retient
Sinon celuy quand reueillé reuient
Qui a songé de la grand' beauté d'elle:
Tant de plaisir a d'estre & sembler belle,
Que tel songeur en l'isle est bien venu.
Tout ce discours est pour fable tenu,
Mais qui premier l'a fait & recité
Nous a voulu dire vne verité.

IMMORTALITÉ DES
bons arts.
Iaques Pineton, aux antiquitez
de Mismes.

Tous les sages anciens
Pleins de vertu & prudence,
En vain n'entreprenoient rien
Sans art, ne sans prouidence.
Aussi selon leur espoir
Maugré le feu, le fer, l'onde,
Tant que le monde soit monde
Leurs œuures se feront voir.

YVRONGNERIE.
La R.de Nauar.au faux cuider.

Vn corps yure de vin
Ne peut iuger rien qui soit de diuin.

IMPIETÉ PVNIE.
Poëte incertain.

Iamais iamais impieté,
sans la vengeance n'a esté,
D'vne & d'vne autre iuste peine,
cy haut,& là bas en enfer.
Sy les Dieux ont les pieds de laine,
Aussi ont ils les bras de fer

L
LOY DE DIEV ET DE
Nature
Ron.en l'hymne de Iustice.

La nature a donné aux animaux des bois,
Aux oiseaux & poissons , des reigles & des loix
Qu'ils n'outrepassent point. Au monde on ne void
    chose
Qu'vn tres-fidelle accord ne gouuerne & dispose.
Mais celuy qui nous fit immortels les esprits
Comme à ses chers enfans,& ses plus fauoris
Que trop plus que le ciel ny que la terre il ayme
Nous a donné ses loix de sa propre main mesme

LOIX ET LEVR VTILITE'
Poëte incertain en vne Elegie.

Sans les loix le marchant brulant en sa pratique
Aux pays estrangers ne feroit la trafique,
Nul pourroit voiager: tousiours en crainte & peur
Seroit le pelerin pour le guet du voleur.
Le courbé laboureur quitteroit sa charuë.
Craignant que sur les siens le plus fort ne se ruë.
Les sciences & arts n'auroient aucun pouuoir
L'homme robuste seul voudroit tous biens auoir.

Brief si on mespriſoit les ordonnances ſaintes,
Des foibles on n'orroit que clameurs & complain-
　tes,
On n'orroit que debats, que ſanglants homicides,
Que trompeurs d'orphelins & cruels parricides,
Pour le tout abreger nul en ſeurté ſeroit
Sans le ſecours des loix, & ſans le diuin droit.
Comme le corps humain n'a point de mouuement
Sans le diuin eſprit qui donne ſentiment:
Auſſi vne cité ſans ceſte loy diuine
Sur le peuple inconſtant & errant ne domine.

LA LANGVE ET LE
Cœur.

De Baïf en ſa Francine.

Langue, qu'il vient par toy de mal qui nous affole!
Langue qui fais punir vn cœur! bien qu'innocent
Sans eſpoir de retour eſchappe la parole
La faute toutefois eſt bien fort excuſable,
Lors que la langue faut, & le cœur n'y conſent,
Si le cœur n'y conſent l'erreur n'eſt puniſſable.

LOVANGE COMMVNE
à tous.

Ron. Iàques Greuin.

La louange n'eſt pas tant ſeulement à vn,
De tous elle eſt hoſteſſe, & viſite vn chacun,
Et ſans auoir eſgard aux biens, ny à la race,
Fauoriſant chacun, vn chacun elle embraſſe.

M

MINISTRES DE DIEV SONT
à honnorer.
Ron. en son proces au Card. de Lor.

Par vengence diuine
Tousiours dans le Roiaume arriue ou la famine
La peste, ou le malheur, ou la guerre y prent lieu,
Pour n'auoir honore les ministres de Dieu.

MAL HASTIF, BIEN
tardif.
De Baif en sa Francine.

Comme du mal l'attente est tousiours trop hastiue,
Quoy que tard il aduienne : au secours du bien,
Quoy qu'il aduienne tost, l'esperance est tardiue

MAL EST A EVITER
C. Marot aux dames de Paris.

Sçauoir le mal est souuent proffitable
Mais en vser est tousiours euitable

MALHEVREVX QVI N'EST
content.
Ron. en la paix.

L'homme qui n'est contant, & qui tousiours demãde
Quand il seroit vn Dieu, est malheureux d'autant
Que tousiours il desire, & n'est iamais contant.

MALHEVREVX N'EST AV-
cun par opinion d'autruy.

Du Bellay aux Ieux diuers.

Et ne doit on aucun estimer mal'heureux
Pour ne iouyr du bien dont il est desireux:
Non plus qu'est vn cheual, ou autre beste telle,
Pour n'auoir comme nous la Raison naturelle.

MEDIOCRITE,
Ron. es folatries.

La mediocrité fait la personne heureuse:
Le haut degré d'hôneur est chose dangereuse,
Et le trop bas estat trayne ordinairement
Pour sa suyte vne iniure, & vn messprisement.

MISERES HVMAINES
Du Tronchet en ces lettres missiues.

Car tous malheurs humains sur noz testes collez,
Mettent le masque au front des amys simulez.
Et iamais il ne fut que quand l'heur se renuerse:
Faueur ne s'esloignast de fortune diuerse,
Et que l'ingratitude, & l'infidelité
Ne fussent propres sœurs de l'infelicité.

Du Bellay à Iean Proust.

Belonne seme sang & rage
Parmy les peuples çà & là,
Et chasse à la mort maint courage,
De ce fouet tortu qu'elle a:
Son ame cestuy cy ottroie

A vn venim froid & amer,
Cestuy là est donné en proie
Aux flots auares de la mer.

Aucuns d'vne main vengeresse
Veulent par la mort esprouuer
Sy du mal qui tant les oppresse
Pourront la guerison trouuer.

Quelques autres venans de naistre
Auant qu'ils allent rencontrant
Ce, qui malheureux nous faict estre,
Sortent du monde en y entrant.

Le chemin est large & facile
Pour descendre en l'obscur seiour,
Pluton tient de son domicile.
La porte ouuerte nuict & iour.

Iupiter tient deuant sa porte
Deux tonneaux, dont il fait pleuuoir
Tout ce qui aux humains apporte
Dequoy aise ou tristesse auoir.

MONDE SANS FERMETE
Ron. au tomb. de la R. de Na.

Las ce qu'on voit de mondain
Iamais ferme ne se fonde,
Ains fuit & refuit soudain
Comme le branle d'vn onde.

MOVRIR POVR SON
pais.
Du Bellay en sa prosphonematique.

C'est chose douce & belle que mourir
Pour son pays & son Roy secourir.

MORT ACHEVE L'HEVR
& malheur de l'homme.
Ronsard au Connestable.

On ne doit appeller pendant qu'il vit icy
Vn homme bien heureux ny malheureux aussi,
Tout ça bas est doubteux , la seule heure derniere
Parfaict nostre bon heur , ou bien nostre misere,
Tel fleurist auiourd'huy qui demain flestrira
Tel fletrist auiourd'huy qui demain fleurira.

Ron. aux meslanges.

Nul homme n'est heureux sinon apres la mort:
Auecques la raison Solon fit ce prouerbe:
Il n'y a ny Cesar , ny Roy tant soit superbe,
Que l'on doyue estimer s'il n'a passe le bord.

Des Masures en vne Elegie.

Il n'y a nul qui se puisse à bon droit
Dire en ce monde heureux comme il voudroit,
Auant sa mort : mais attendre conuient
Le iour dernier, qui à grand course vient.

MORT CHRESTIENNE
Ron. en l'hymne de la mort.

Pour Iesus te souuienne
Que ton ame n'est pas paienne mais Chrestienne,

Tousiours a nostre vie arriue quelque sort
Qui nostre honneur estouphe auant qu'il croisse en
   gerbe
on le perd tout ainsi comme la fleur de l'herbe
Qui languit contre terre aussi tost qu'elle sort.
Et que nostre grand maistre en la croix estendu,
Et mourant, de la mort a l'esguillon perdu:
Et d'elle maintenant n'a fait qu'vn beau passage
A retourner au ciel, pour nous donner courage
De porter nostre croix, fardeau leger & doux
Et de mourir pour luy comme il est mort pour nous.

MORT ESGALE A TOVS
Ron. ode 7. liure 4.

Toutes choses mondaines
Qui vestent nerf & veines
Egale mort attend:
Soient pauures ou soient princes,
Car sur toutes prouinces
Sa main large s'estend.

Ron. en l'hymne du Roy.

Vn Roy tant soit il grand en terre en en prouesse
Meurt comme vn laboureur sans gloire: s'il ne laisse
Quelque renom de luy de ses vertueux faicts

MORT HONNORABLE
Ronsard au Roy en l'exortation
du camp.

C'est vne sainte guerre
De mourir pour son prince, & deffendre sa terre,
De garder sa maison, sa femme & ses enfans
Pour vn petit de sand qui nous reng triumphans.

MORT, A LAQVELLE NOVS
deuons.
B. de Gerard sur le trespas du Roy Henry.

Tout se doit à la mort, & ce que nous auons
Et nous mesmes encor, à la mort nous deuons,
Sans que soions long temps, ou peu, en ceste vie:
Nous allons tous loger en vne hostellerie,
Sur la nuit de noz ans, là la mort nous attend,
Là lassez du chemin, ceste mort nous estend
Dans le lit de la terre, où la mere nature
Nous fait paier tribut dans vne sepulture.

MORT FAICT OVBLIER
Les affaires humaines.
Ron. aux meslanges.

L'homme apres son dernier trespas
Plus ne boit ne mange la bas,
Et sa grange qu'il a laissee
Pleine de blé, deuant sa fin,
Et sa caue pleine de vin,
Ne luy viennent plus en pensee.

MORT N'EST A CRAINDRE
Pierre d'Origini au temple
de Mars.

Mais quel besoing est il la chose redoubter
Qui ne se peut iamais en ce monde euiter?
Veu mesmement que lors que nostre ame est deliure
Alors nous commençons plus certainement viure,
Et que partant du monde empli d'iniquité,
Nous entrons au doux lieu de l'immortalité.

MORT NOVS ENVOIE A LA
seconde vie.
C. Marot en la depro. de Robertet.

Celluy ne s'ayme en rien
Lequel voudroit tousiours viure en ce monde,
Pour le frustrer du tant souuerain bien
Que luy promet verité pure & munde:
Possedast il mer & terre feconde
Beauté, sçauoir, santé sans empirer,
Il ne croit pas qu'il soit vie seconde,
Ou s'il la croit la mort doit desirer.

MORT DV CORPS ET VIE
de l'ame.
Ron. aux Amours.

Incontinant que l'homme est mort
Pour iamais ou long temps il dort,
Au creux d'vne tombe enfouye,
Sans plus parler, ouyr, ne voir,
He quel bien sçauroit on auoir!
En perdant les yeux & l'ouye:
Or l'ame selon le bienfaict
Qu'hostesse du corps elle a fait

Monte *au ciel sa maison natalle:*
Mais *le corps nourriture à vers*
Dissoubs *de venes* & *de nerfs.*
N'est *plus qu'vne vmbre sepulchrale.*

MORT VAINCVE PAR
renommee, temps & diuinité.
Io. du Bellay à Salmon Marin.

Tout *ce qui prent naissance*
Est *perissable aussy,*
L'indomptable *puissance*
De *Dieu le veut ainsi.*
La beauté *composee*
Pour *flestrir quelque fois*
Ressemble *à la rosee,*
Qui *tombe au plus doux mois.*
La grace & *la faconde,*
Et *la force du corps,*
De *nature feconde*
Sont *les riches thresors.*
Mais *il faut que lon meure,*
Et *l'homme ne peut pas*
Tarder *de demye heure*
Le *iour de son trespas.*
Et *puis la renommee*
Par *le diuin effort*
D'vne *plume animee*
Triomphe *de la mort.*
La *renommee encore*
Tombe *en l'obscur seiour,*

Le temps qui tout deuore
La surmonte à son tour.
L'an qui en soy retourne
Court en infinité,
Rien ferme ne seiourne
Que la diuinité.
Il faut que chacun passe
En l'eternelle nuict,
La mort qui nous menasse
Comme l'umbre nous suit.

MORT INCERTAINE
Auth. incertain en la deploration du
Duc de Guise.

Il conuient que tout meure, & l'homme ne scait pas
L'heure, le iour, le mois, ne l'an de son trespas.

MORT NOVS SAISIT QVAND
il plaist à Dieu.
R. Belleau en sa bergerie.

Helas pauures chetifs, nous sommes, non par sort
Mais quand il plaist à Dieu prisonniers de la mort.
C'est luy seul qui retient, qui conduit, & qui guide
Ce que dessus la terre & dedans l'air liquide
Et ce qu'au fond des eaux vit, soupire, & se meut
Puis le tranche & l'alonge, & le rõp quãd il veut:
Et ne sert d'auoir peur des pestes de l'automne,
Des fieburcs de l'esté, puis que sa faux moissonne
En tout temps nostre vie, & qu'on ne peut charmer
Les tourbillons rouans de l'ecumeuse mer,

C

Le foudre ny l'esclair, les vents, ny les orages,
Rien ne sert de sçauoir augures ou presages,
Puis que nos iours, nos ans, nostre mort, nostre vie,
Est de la main de Dieu ou conduite ou rauie,
Puis que les feux du ciel, le sort, & le destin
Menteurs, ne peuuent estre autheurs de nostre fin.
 Quelque fois la cherchant elle se met en fuitte,
Quelquefois la fuiant se mesle en nostre suitte,
Compaigne de nos iours, & en toute saison
Pend dessus nostre chef, mesme en nostre maison.

Ron. au Cardinal de Chastillon.

Quoy? faut-il pas mourir? bien que l'homme se face
Riche en thresor mondain, & tous ceux de sa race
Si mourra il pourtant : & ne sera connu
Non plus qu'vn crocheteur, lequel est mort tout nu.

MOR FAICT TOVT PERIR
Ron. aux odes

Villes & forts & Roiaumes perissent
 Par le temps tout expres
Et donnent lieux aux noueaux qui fleurissent
 Pour remourir apres.
Comme vn printemps les ieunes enfans croissent
 Puis viennent en esté
L'hyuer les prend, & plus il napparoisse
 Cela qu'ils ont esté.

N
NOBLESSE PROCEDE DE VERTV

Ron. au Card. de Lorraine.

car la pompeuse race
Les peres, les ayeux, les septres, & la masse
Des monstrueux palais, qui s'esleuent si haut
Ne font pas la noblesse où la vertu deffaut
Ny la vielle medaille en rouille consumee,
Ny les tableaux reclus tous noircu de fumee
Ny les pourtraits moisis des antiques aieux
Ia par l'aage ecourtez & d'oreilles & dieux:
C'est la seule vertu qui donne la noblesse,
ceste vertu qui est la Roine & la princesse
De toute chose nee, & à laquelle on doit
Venir, en trauaillant par le chemin estroit,
Espineux & fascheux, où peu de gens arriuent
Car le trac de vertu bien peu de gens ensuyuent.

NOBLE ASPIRE A CHOSES
hultes.
Ron. audit sieur Card.

Car à la verité tout homme genereux
Court apres la grandeur, & en est desireux,
Et veut s'il est possible, ainsi que de sagesse,
Le peuple surpasser d'honneur & de richesse.

NOBLESSE AQVISE PAR
Prouëlle.
Io. du Bellay en ses 3. estats.

La vertu que chacun s'aquiert par nourriture
Doit estre au noble seul aquise par nature:

G ij

Ie mets le vieil soldat, & tous ceux là qui font
Aux armes leur denoir, au rang de ceux qui sont
Les plus nobles du sang : car la vertu guerriere
A l'antique Noblesse est la source premiere,
Non l'image enfumee , ou l'or, ou la faueur,
Qui ne peuuent donner les vrays titres d'honneur.

NVL PARFAICT
L. des Masures à Ronsard.

Tout homme quel qu'il soit ou nay de race haute,
Ou forti de lieu bas, en soy a quelque faute :
A monde n'y a rien tant soit rare & exquis
Où ne soit quelque cas pour son parfaict requis.

NVL BIEN SANS PEINE
de Baïf en sa francine.

Les peines importunes
Volontiers ne sont loin
Des plus hautes fortunes.

NOVRITVRRE POLIT
Nature.

Borderie en l'amie de cour.

Or bien heureuse est vne nourriture
Qui scait polir toute rude nature:
Ornant les corps de gestes & façons,
Et les esprits de prudentes leçons.

NATVREL DES CHOSES

et volontiers toutes choses retiennent
Le naturel du lieu d'où elles viennent.

NOBLESSE EN TROIS
manieres.
Audit lieu.

Nous voions auiourd'huy trois sortes de noblesse
L'vne aux armes 's'adonne, & l'autre s'apparesse
Cagnarde en sa maison, l'autre hante la court
Et apres la faueur ambitieuse court.
   Le guerrier insolent veut quereller & batre,
Le casanier plaideur par proces veut debatre,
Et le mignon de court pour croistre sa maison
S'arme de sa faueur contre droit & raison.

O
ORDRE DIVIN ET HVMAIN
Renaud Prouenceal en ses chastes amours.

D'vn ordre naturel, & par vne entresuitte,
Le monde fait son cours, & Dieu est par dessus,
Qui domine le Ciel, la Mer & les Palus
Vmbreuses de là bas, où toute chose annuitte.
   L'ame estant hors du corps, prent sa derniere fuyte
Pour descendre là bas, en l'abisme confus,
Où estant repurgee elle n'habite plus,
Mais plus pure & plus belle au Ciel est recondite.
   De mesme que la terre au grand Ciel obeit,
De mesme aussi le Ciel de la terre iouit,

G iij

Et fans elle arrefter ny hafter peut fa courfe:
    Amour fait toute chofe, & d'vn ordre fatal
Entretient ce grand monde, & le fait eftre egal,
    Amour de l'vniuers fut la premiere fourfe.

ORDRE CERTAIN ES
chofes nautrelles,
Ioach. du Bellay au Symphofe.

Par vne ordre incertain toutes chofes fe muent,
Et par ordre certain les aftres fe remuent,
Caufant diuers effects, & parfaifant leurs cours,
Comme il eft ordonné font leurs tours & retours:
Les elements leur font deuoir d'obeiffance,
Et craignent vieler la loy de leur puiffance:
Voila comment du ciel la nature defpend
Et aux loix qu'il efcrit humble & ferue fe rend

OPINION ET QVI LA
engendree,
Ron. es miferes de fon temps.

On dit que Iupiter fafché contre la race
Des hommes, qui vouloient par curieufe audace
Enuoier leurs raifons iufqu'au ciel pour fçauoir
Le hauts fecrets diuins, que l'homme ne doit voir:
Vn iour eftant gaillard choifit pour fon amie
Dame Prefumption, la trouuant endormie
Au pied du mont Olimpe & la baifant foudain
Conceut l'opinion, pefte du genre humain:
Cuider en fut nourrice & fut mife a l'efchole
D'orgueil, de fantafie, & de ieuneffe folle.

OPINION ET SES EFFECTS
Ron. en sa remonstrance au peuple.

La seule opinion fait les hommes armer,
Et frere contre frere au combat animer ,
Perd la religion , renuerse les grans villes,
Les couronnes des Roys les polices ciuiles,
Et apres que le peuple est soubz elle abatu
Lors le vice & l'erreur surmonte la vertu .
Elle à les pieds de vent, & dessus les aisselles
Comme vn monstre emplumé elle porte des ailes,
Elle à la bouche grande, & cent langues dedans:
Sa poitrine est de plomb,ses yeux promps & ardans
Tout son chef est de verre , & à pour compagnie
La ieunesse & l'erreur, l'orgueil & la manie.

OPINION VAINE
I. A. de Baif en sa Francine.

Opinion de ses pastures vaines
Paist & nourrit toutes choses humaines,
Chascun s'abuse en son affection,
Sur tout l'amour n'est qu'en opinion.

OBEIR ET NE RESISTER
au Roy.
Ron. au Roy C. ix.

Et qui resiste au Roy
Resiste à Dieu: & si n'a point de loy.
Et lors qu'vn Prince à pleine connoissance
De ses sugets , il a plus de puissance.

G iiij

OPPVGNATEVRS DES LOIX
Poete incertain.

Qui ne garde les loix d'vne ville ou cité
N'y doit point auoir lieu, qui viole les droits
Du magiſtrat puiſſant, des Princes & des Roys,
Il veut deraciner toute ſocieté.

OCCASION SOVDAINE-
ment priſe.
G. Bouuin en ſa Soltane.

Car qui l'occaſion au front, haſtif, n'atrappe.
Chauue, ſoudainement, derriere, luy eſchape.

OISIVETE,
Poëte incertain en ſa ſauſſoie.

Il nous conuient chaſſer oiſiueté,
Qui nous engendre Amour & pauureté.

ORGVEIL DES GRANS
ſouuent abatu.
Ron. à monſieur du Thier.

Quand l'homme eſt eleué aupres de ces grans dieux
Il deuient bien ſouuent ſuperbe, audacieux,
Et s'enflant tout le cœur d'arrogance & de gloire
Meſpriſe les petis, & ſy ne veut plus croire
Qu'il ſoit homme ſuget à ſupporter l'aſſaut
De fortune, qui doit luy donner vn beau ſaut.
Mais certes à la fin vne horrible tempeſte

De la fureur d'vn Roy luy saccage la teste.
Et plus il se vouloit aux Princes egaler
Et plus auec risee on le fait deualer
Par la tourbe incogneuë, afin qu'il soit exemple
D'vn orgueil foudroié, à qui bien le contemple.

ORAGES ET TEMPESTES.

B. de Gerard en l'vnion des Princes.

Ce grand Dieu qui commãde aux horribles tẽpestes,
Aux orages ardents, aux furieuses testes
Des vents seditieux, ouure de sa main forte
Les verroux & barreaux tenans close la porte:
Si tost qu'elle est ouuerte, vn esquadron diuers
De mille tourbillons estonne l'vniuers.
Ils vollẽt tous ensemble, & de leurs longs pennages
Font tonner dedans l'air les canons des orages,
Vomissent de leur bouche vn long bruit de sanglots,
Renuersent sur le bord la colere des flots.
Les nuës, les esclairs, & l'espesse fumiere
Nous derobent le Ciel, Phebus & sa lumiere.
Les Cieux tonnent là haut, on void l'air s'enflamer,
Lors de son noir manteau la nuit couure la mer.
Les nefs se vont brisant, & les vagues hautaines
Cassent anchres & masts, prouës, poupes, carenes.
Vne montagne d'eau pousse dans les rochers
Les vaisseaux, & la vie, & l'espoir des nochers.
Là les vns sont pendus à la cyme d'vne onde,
Aux autres (morts de peur) vne vague profonde
Ouure la terre creusé, & le pas de la mort
Les tirant de l'espoir, du salut, & du port.

P

PRIERES A DIEV.

I. de la Peruse en ses Poësies.

Dieu qui es vn seul Dieu, Dieu en qui seul i'espere,
Dieu que ie reconnois pour mon seigneur & pere,
Dieu mon Roy, Dieu mon tout, Dieu en qui i'ay ma
    foy,
Dieu en qui ie m'attens, Dieu en q:;i seul ie croy,
Mon Dieu en la vertu duquel ie me tonsie,
Guery moy, ô Seigneur, de ceste maladie.

L. des Masures en ses vers liriques.

Dieu souuerain, de qui est à chacun
    La maiesté puissante, seule à craindre:
    Personne triple, & Dieu, qui sans contraindre
    Ta deité, regnes seul, & n'es qu'vn.
Auquel sans fin sur les ardans flambeaux
    Du reluisant & haut eleué monde
    Donne louange & gloire pure & munde
    Le chœur entier des Anges saints & beaux.
De qui aussi la tout-puissante main
    Forma iadis & orna ce grand œuure,
    Du ciel courbé qui toutes choses cœuure,
    Oeuure qu'admire, & void tout œil humain.
Qui fais virer le ciel, & d'vn clin d'œil
    Trembler la terre, & tourner l'höme en poudre,
    De qui l'horrible & effroiable foudre
    Tombe & se renge au seul gré de ton vueil.
Pardonne nous, nous miserables gens,

Rends nos cœurs nets de toute vile ordure,
Pour n'endurer la punition dure
Iustement deuë à noz pechez vrgens.

I du Bellay en l'hymne Chrestien.

O amour, ô pitié, soigneuse de tous biens,
Qui serue de tes serfs t'es faite pour les tiens,
O amour, ô pitié de nous mal reconneue,
Que nous auons quasi par noz pechez vaincue,
Fay que de ton amour la violente ardeur
Vers toy puisse eschauffer nostre lente froideur:
Afranchis nous Seigneur de l'odieux seruice,
Qui nous a si long temps fait esclaues de vice,
Esteins en nous l'ardeur de nostre vain plaisir,
Et fais de ton amour croistre en nous le desir,
Afin qu'aiant parfait le cours de nostre vie
Lors que deuant son Roy l'ame sera rauie
De son partage heureux iouissant auec toy,
Tu luy sois comme pere, & non pas comme Roy.

PVNITION DE DIEV.
Ronsard en l'hymne de Calaïs
& de Zethes.

Quand le Dieu eternel se sent trop irrité
Soudain ne destruit pas ceux qui l'ont depité,
Mais en temporisant punit le demerite
Au double de celuy qui pensoit estre quitte.

PVNITION SVR LES
iniustes.
Ron. en l'hymne de Iustice,

L'œil de Dieu eternel toutes choses regarde,
Il void tout, il sçait tout, & sur tout il prēd garde.
Il est marry dequoy Iustice vous chassez:
Pource repentez vous de vos pechez passez,
Il vous pardonnera : car il est debonnaire,
Et comme les humains ne tient pas sa colere:
Sinon de piu en pis au feste paruiendrez
De tout vice execrable, & puis vous apprendrez
Apres le chastiment de vos vies meschantes
Combien les mains de Dieu sont dures & pesantes.

Autheur incertain.

Car ce Dieu tout puissant iamais son cœur n'appaise
Contre celuy qui fait la Iustice mauuaise,
Qui par argent la vend, & qui corrompt malin
Le bon droit de la vefue & du pauure orphelin,
Il luy garde tousiours vne dure vengeance
Qui lente pas à pas talonne son offence,
Luy enuoiant Athé deesse de meschef,
Qui de ses pieds de fer escarbouille son chef.
Car Dieu sur les Palais s'assied pour le refuge
Des pauures dont son œil remarque le bon iuge,
Pour le recompenser, selon qu'il a bien fait,
Et le faux iuge, afin de punir son meffait.

PVNITION DES PRINCES
pour le peuple, & du peuple pour
les Princes.
Poëte incertain.

Pour la faute du peuple on a veu maintefois

Auoir esté punis mains bons & sages Roys,
Et maints peuples aussi de diuerses prouinces
Auoir beaucoup souffert pour la faute des Princes.

PECHÉ ET PVNITION.
I. du Bellay en l'hymne Chrestien.

O trop ingrat! ô trop ambitieux!
Cil qui premier nous defferma les yeux,
Et qui premier par trop vouloir connoistre
Fist le peché entre nous apparoistre:
Ce fut alors que le ciel peu benin
Vomit sur nous son corroux & venin,
Faisant sortir du centre de la terre
La pasle faim, & la peste, & la guerre.

PRELATS, COMME ILS
doiuent conuerser.
Ron. en sa Remonstrance au peuple.

Vos grãdeurs, vos honneurs, vos gloires despouillez,
Soiez de la vertu, non de soie habillez:
Aiez chaste le corps, simple la conscience,
Soit de nuit, soit de iour, apprenez la science,
Gardez entre le peuple vne humble dignité,
Et ioignez la douceur auec la grauité.
Allez faire la cour à voz pauures oueilles
Faites que vostre voix entre par leurs aureilles,
Tirez vous pres du parc, & ne laissez entrer
Le loup en vostre clos faute de vous monstrer.

PRELATS, ET LEVRS VICES.

Ron. sur les troubles d'Amboise.

Mais que diroit sainct Paul, s'il reuenoit icy?
De nos ieunes Prelats, qui n'ont point de soucy
De leur pauure troupeau, dont ils prennent la laine,
Et quelquefois le cuyr: qui tous viuent sans peine,
Sans prescher, sans prier, sans bon exemple d'eux,
Parfumez, decoupez, courtisans amoureux.
Veneurs & fauconniers, & auec la paillarde
Perdet les biés de Dieu, dont ils n'ont que la garde.

PRECEPTES A VN PRINCE.

Ron. en la Bergerie au Roy Char. 9.

Mon Prince souuerrin, il faut dés ta ieunesse
  Apprendre la vertu pour guide la suiuant,
  C'est vn ferme thresor, qui les hommes ne laisse,
  Les autres biens mondains s'en volent côme vẽt.
Pour viure bien heureux crain Dieu sur toute chose,
  Seul il faut adorer, & au cœur l'imprimer,
  Et le prier au soir quand le Soleil repose,
  Et dés l'aube du iour quand il sort de la mer.
Le seul commencement & la fin de science
  C'est craindre le Seigneur, & maintenir la foy
  Des peuples estendus sous ton obeissance
  Qui sont enfans de Dieu aussi bien comme toy.
Sois paré de vertu, non de pompe roiale,
  La seule vertu peut les grand Roys decorer:
  Sois Prince liberal, toute ame liberale
  Attire à soy le peuple & le fait honorer.
Porte dessus le front la honte de mal faire,

Aux yeux la grauité, & la clemence au cœur,
La iustice en ta main, & de ton aduersaire,
Fust il moindre que toy, ne sois iamais moqueur.
Ren le droit à chacun, c'est la vertu premiere
Qu'vn Roy doit obseruer, sois courageux & fort,
La force du courage est la viue lumiere,
Qui nous fait mespriser le peril & la mort.
Ne sois point arrogant, vanteur, ny temeraire,
Malin, opiniastre, & hautain à la main,
Mutin, chagrin, depit: le Prince debonnaire
Doit estre gracieux, amiable & humain.
Mesprise la richesse, & toutefois desire
Côme vn cœur valeureux, de haulser ton bô heur,
Et par armes vn iour agrandir ton empire,
Moins pour le biê môdain, que pour auoir hôneur.
Sois ferme en ta parole, & de vaine promesse
N'abuse tes subiets, & aux trompeurs ne croy,
Celuy qui par le nez ainsi qu'vn ours se laisse
Mener par les flateurs n'est digne d'estre Roy.
Sois tardif à courroux, & point ne te conseille
Par ieunes euentez qui n'ont appris le bien,
Mais honore les vieux, & leur preste l'oreille,
Et seul de ton cerueau n'entrepren iamais rien.
Sois constant & hardy aux fortunes pressees,
Magnanime au peril, au fait industrieux,
Deuance le futur par les choses passees,
Et sois du temps present tousiours victorieux.
Chasse l'visiueté la mere de tout vice,
Et grand seigneur appren le mestier d'vn soldat,
Sauter, luter, courir, est honneste exercice.
Bien manier cheuaux, & bien lancer vn dard.

Exerce ton esprit aux choses d'importance,
   Aux affaires qui sont de ton privé conseil,
   L'esprit en est plus sain, l'oiseuse negligence
   Sille les yeux des Rois d'vn malheureux sommeil.
Tu dois connoistre ceux qui te font du seruice,
   Les aimer, les cherir en leur fidelité,
   Et afin que sous toy honorer on les puisse
   Haulse les aux honneurs, s'ils en ont merité,
Par flateurs, par menteurs, & par femmes ne donne
   Ny presens ny estats : malheur s'en est suiuy,
   Mais bien par la vertu, qui s'aide sans personne,
   Si tu le fais ainsi tu seras bien seruy.
Ne renuerse iamais l'ancienne police
   Du païs, où les loix ont fleury si long temps,
   ce n'est que nouueauté qui coeue vne malice,
   si l'vn s'en resiouit mille en sont malcontens.
Iamais (si tu m'en croy) ne souffre par la teste
   De ton peuple, ordonner tes statuts ny tes loix,
   Le peuple variable est vne estrange beste,
   Qui de son naturel est ennemy des Roys.
N'offence le commun pour aider à toy mesme,
   Des grands & des petits soit tousiours le support.
   La propre conscience est vne gehenne extreme,
   Quãd nous auõs peché qui tousiours nous remord.
Et brief, mon cher Seigneur, pour regner pren exẽple
   Aux Roys tes deuanciers, princes cheualeureux,
   Si leurs faits pour patron t'a ieunesse contemple,
   Tu seras, non pas Roy, mais vn Dieu bien heureux.

PRINCE GOVVERNE'
par autruy.

I. du

I. du Bellay en ses regrets.

O trois & quatre fois malheureuse la terre
Dont le prince ne void que par les yeux d'autruy,
N'entend que par ceux là qui respondent pour luy,
Aueugle, sourd & mut, plus que n'est vne pierre.

PRINCE DIFFICILE
à gouuerner.
Ron. au Card. de Lorraine.

Il y a plus de peine à bien garder son rang
A gouuerner vn Roy, à bien faire le grand,
Que tout l'honneur ne vaut: ceste charge honorable
S'accompagne tousiours d'vn soucy miserable,
D'vne solicitude, & d'vne ambition,
D'vn trauail espineux, & d'vne passion,
Qui tousiours dans le cœur eternelle demeure,
Ne nous laissant dormir la nuit vne seule heure.

PRINCE, NON MOQVEVR.
Ron. en la mesme Epistre.

Certes la moquerie est indigne d'vn Prince
Qui veut gaigner le cœur de toute vne prouince
Et principalement du populaire bas:
Il peut dire (s'il veut) ie ne le feray pas,
Ou bien ie le feray: car sa libre pensee
D'vn pauure suppliant ne peut estre forcee.

PRINCE REMARQVE'
en sa faute.

H

Aussi n'est rien tant vicieux
Qu'vn grand gouuerneur de prouince
Quand il faut: d'autant que mille yeux
Auisent la faute d'vn Prince.

PVISSANCE DES ROYS.
Poëte incertain.

Autant leur Sceptre aux bons doit estre fauorable,
Que leur glaiue aux meschans terrible & redouta-
(ble.

PASTEVR ROYAL.
I. du Bellay en ses estats.

Certes le bon Pasteur qui aime son troupeau
En doit prendre la laine, & luy laisser la peau.

PASTEVR INVTILE.
Audit lieu.

Tu te nommes Pasteur, toy qui n'as soing ne cure
De tes pauures Brebis, ny de leur nourriture.
Qui ne les vois iamais, ou bien si tu les vois,
Ce n'est pas en vn an à grand' peine deux fois.
C'est par forme d'aquit, ou pour tondre la laine
De ton pauure troupeau, qui nourrit par sa peine
Ta noble oisiueté, ton vice & ton plaisir,
Et pour ressasier ton auare desir,
   Si vn Prince a baillé la garde d'vne place
A quelque Capitaine, esperant qu'il y face

Son deuoir, & que là y doiue demourer,
Pour de ses ennemis la frontiere asseurer:
Et qu'ailleurs ce pendant Monsieur le Capitaine
Qui aime beaucoup mieux le profit que la peine,
Se voise pourmener, & que les ennemis
Surprennent le chasteau en sa garde commis:
Doit il estre excusé? encore moins d'excuse
Le Prelat qui du nom de son office abuse:
Abandonnant aux Loups par paresse & mespris
Le troupeau delaißé qu'en sa garde auoit pris:
Et qu'à la foy d'autruy cômettre il n'a point honte,
Luy qui au grãd Pasteur vn iour en rendra compte.
  Iadis les bons Prelats qui du troupeau de Dieu
Estoient les vrais Pasteurs, residoient sur le lieu,
Cognoissans leurs brebis, & faisoient la reueuë
Et soigneux les gardoient sans les perdre de veuë.
Maintenant leur demeure est à la cour des Roys,
Où ils ont plus de train, de cheuaux & harnois
Que les plus grãds seigneurs, & leurs tables frian-
  (des
Surmontent l'appareil des Persiques viandes.

PAIX, ET MALHEVR
de la guerre.

Ron. au Chant de liesse.

Qu'est ce que paix? en lieu d'ouyr les armes,
De voir les champs tous foulez de gendarmes,
De voir en l'air les estendarts rempans
Et taffetas, tout ainsi que serpens
Qui vont par l'herbe, & d'vn col qui menasse

A cent replis entrecoupent leur trace?
De voir le fer des soldats tous sanglans,
Voir les vieillards tous pasles & tremblans,
Mourir de coups aupres d'vne famille?
Voir vne mere, vne vefue, vne fille,
Porter au col ou son frere ou son fils,
Et panurement mendier d'huis en huis?
Quel plaisir est ce? en lieu de voir les villes,
Places, chasteaux & campagnes fertiles,
Du haut en bas, & raser & bruler,
Et iusqu'au ciel les plaintes se mesler
D'hommes, d'enfans, de filles & de femmes,
Sauuant leurs corps demy brulez de flammes?
Quel plaisir est ce? en lieu d'ouyr le bruit
D'vn mur tombé, ou d'vn rempart destruit,
Voir maintenant la Paix venue en terre.

PAIX, ET SON BON HEVR.
Ron. es Odes.

O Paix heureuse!
Tu es la garde vigoureuse
Des peuples & de leurs citez,
Des Royaumes les clefs tu portes,
Tu ouures des villes les portes
Serenant leurs aduersitez.

PRVDENCE DOIT
preuenir le mal.
I. de la Peruse en sa Medee.

Le mal venu il le faut endurer,

Bon gré, mal gré, rien n'y sert murmurer,
Mais parauant qu'il vienne, l'homme sage
Peut par conseil deuancer son dommage.

PATIENCE SELON LE COVRS
du temps.
I. Greuin au Chant pastoral.

Il faut prendre le temps ainsi comme il nous vient,
Sans tourmenter le corps: souuent il nous aduient
Vn bien moins attendu: mon bon amy la vie
Et la fin des trauaux nous est souuent rauie,
En lors que nous pensons receuoir les bienfaits
De nos labeurs, c'est lors que nous sommes deffaits.

Ron. en la Promesse.

L'vn desire la pluye, & l'autre le beau temps,
Et iamais icy bas on n'en void de contens,
Mais vne heure, à la fin, accomplit toutes choses:
Tousiours vne saison ne produit pas deux roses,
Et tousiours des humains le sort n'est pas egal,
Il faut l'vn apres l'autre endurer bien & mal,
Et l'homme qui se deult d'vne telle aduenture
Peche contre les loix du ciel & de nature.

PAVVRETÉ ET LE CHEMIN.
Ron. aux Meslanges.

Veux tu sçauoir quelle voie
L'homme à pauureté connoie?
Eleuer trop de palais,

Et nourrir trop de valets.

PAVVRETE' RICHE.
Autheur incertain.

C'est richesse & felicité
De bien vser de pauureté.

PAVVRETE' VIT FN
asseurance.
Ron. en l'hymne de l'or.

Le pauure sans rien craindre, aiant sa panetiere
Sur l'espaule en escharpe vne nuit toute entiere,
Voire deux, voire trois en vn bois dormira,
Et de peur des brigans son cœur ne fremira.
D'autāt que l'heur qu'il a de rien craindre l'en garde
Et le deffend trop mieux que cent archers de garde.

PAVVRETE' CAVSE
de grand maux.

De la Grauiere.

Voila comment c'est que la pauureté
Est de tout temps, sera & a esté
Aux bonnes mœurs cōtraire & ennemie
Par elle on chet souuent en infamie
Ou en larcins & maints iuremens faux
En somme elle est ministre de tous maux

PITIE'
Ron. au Card. de Lorraine.

Et bien que de tous poincts à Dieu l'hõme soit moin-
La vertu de Pitié au ciel le fait atteindre. (dre,

PEINE ET LOYER.
Du Bellay en ses estats.

Il se faut souuenir que la peur du supplice
Et le loier,contient chacun en son office.

PIRE ET MEILLEVR.
Ron. à Monsieur de Foix.

Car à la fin par vn commun malheur
Tousiours le pire est maistre du meilleur.

PEVPLE AIME LIBERTE'
Ron. audit Sieur de Foix.

On dit biẽ vray,que lors qu'vn populaire
Est trop sçauant,que prompt il delibere
Ie ne sçay quoy de haut, pour delaisser
Le ioug seruil,qui trop le vient presser,
Et pour le rompre il se bande,& inuente
Mille moiens d'acheuer son attente.

PERFECTION EN CHA-
cune art.
C.Marot,aux Dames de Paris.

Et est le Peintre indigne de louenge
Qui ne sçait paindre aussi bien Diable qu'Ange.

PLAISIR ENTREMESLE'
d'affaires.

Ron.au Card.de Lorraine.

Il ne faut pas tousiours languir embesongné,
Sous le soucy public, ny porter refrongné
Tousiours vn triste front, il faut qu'on se defasche,
Et que l'arc trop tendu quelquefois on delasche.
Apres vn fascheux soir vient vn beau lendemain,
Et le grand Iupiter de celle mesme main
Dont il lance la foudre, il prend la pleine coupe
Et s'assied tout ioieux au milieu de la troupe.
Apres vn froid hyuer, vn printemps adoucy
Renaist auec ses fleurs, il nous faut viure ainsi,
Et chercher les plaisirs aux ennuis tous contraires,
Pour retourner apres plus dispos aux affaires.

PLAISIR DECOIT.
La R.de Nauar.au Fol cuider.

Mais le plaisir vsant de sa puissance
De tout danger oste la connoissance.

PLAISIR SEMBLE BEAV
quand il est acheté.
Poëte incertain en la Saussoie.

Or tout plaisir, qui le voudra chercher
N'est iamais bon, sinon qu'il couste cher:
Et iamais bien ne sera bon trouué
Si par le mal il n'est premier prouué.

PLAISIR DESPLAIST,
& plaist le desplaisir.

Marot, à Robertet.

Ie dy, qu'il n'est desplaisir que plaisance,
Veu que sa fin n'est rien que damnement,
Et dy, qu'il n'est plaisir que desplaisance,
Veu que la fin redonde à sauuement.

PROMESSE, ET SES EFFETS.
Ron. au traité de la Promesse.

Tout autour de Promesse erroit vne grand' bande
Qui d'vn bruit importun toutes choses demande,
Seigneurs, soldats, marchans, courtisans, mariniers,
Les vns vont les premiers, les autres les derniers,
Selon le bon visage, & selon la caresse
Que leur fait en riant ceste braue deesse,
Elle allaite vn chacun d'esperance, & pourtant
Sans estre contenté chacun s'en va content
Elle donne à ceux cy tantost vne acollade,
Tantost vn clin de teste, & tantost vne œillade.
Aux autres elle donne & faueurs & honneurs,
Et de petits valets en fait de grands seigneurs.
Dedans son escarcelle estoient les Euesché
Abbaies, prieurez, marquisats & duché,
Comtez, gouuernemens, estats petits & hauts,
Connestables & Pairs, Mareschaux, Admiraux,
Cheualiers, Presidens & autre maint office
Qu'elle promet afin qu'on luy face seruice.
Quãd quelqu'vn murmuroit tout soudain l'appai- (soit
Car de la gibeciere vn leurre elle faisoit
Qu'elle monstroit au peuple, & comme trop legere

Aux vns eſtoit maraſtre, aux auſtres eſtoit mere.

PROMESSE INFIDELLE
Ron. audict lieu.

Tu ne garde iamais n'y parole n'y foy,
Ce n'eſt que piperie & menſonge que toy,
Que fard, que vanité, & pour les cœurs attraire
Tu penſes d'vne ſorte & parles au contraire

Ronſard.

Tout homme qui ne veut ſa prommeſſe tenir
Te doit ſelon la loy ſeuerement punir.

PAROLE ET SES EFFETS
Ron. audict lieu.

La parole, letteur, eſt la ſeule magie,
L'ame par la parole eſt conduite & regie,
Elle eſmeut le courage, eſmeut les paſſions,
Eſmeut les volontez & les affections.

PARLER PEV ET CELER
ſon ſecret.
Tahureau.

O que la langue eſt vn mal dangereux
Que c'eſt vn mal plein de poiſon amere
O que celuy veut viure malheureux
Qui parle trop & qui ne ſe peut taire!
Combien deuant que de ſe hazarder

A prononcer vne seule parole
Lon doit en soy sagement regarder
Si elle est point où trop libre où trop folle
      La parole est semblable au coup de trait
Qui est tiré, qui à desia faict playe
Car lors en vain cettuy là qui l'a faict
En rompant l'arc de la guerir s'essaye.
      Ainsi quand l'homme à desia faict sortir
Vne parolle à son dan auancee,
Il n'est apres temps de s'en repentir
Depuis qu'elle est vne fois prononcee.
      Combien voit on de dangers encourir
Pour quelque bruit d'vn faux raport qui volle?
Combien voit on d'hommes braues mourir
A l'appetit d'vne seule parole?
      On en voit mil & mil qui n'ayant peu
Se contenir de parler se lamentent,
Mais on en voict aucontraire bien peu
Qui pour se taire à la fin se repantent
      L'hõme est vraimant & sage & vertueux
Qui seulement en lui mesme se fie,
Et qui touchant quelque affaire douteux
Ne declara son secret en sa vie
      Penserions nous qu'vn autre fut secret
A bien celer sagement nostre affaire
Quand nostre cœur folement indiscret
N'a peu luy-mesme à vn autre se taire?
      Heureux cent fois, & cent fois est celuy
De qui cachée est toute l'entreprise,
Et qui n'en faict participant autry
Non en tel cas seulement sa chemise

Il vaudroit mieux sa chemise brusler
Et tronçonner sa langue trop volage
couper sa main, que cela fit parler
Encontre soy quelque mauuais langage.
         C'est vn grand vice ainsi de s'auancer
A parler trop, mesme à son preiudice,
Mais de personne en ses dit, offencer,
C'est bien encore vn plus extreme vice
         Le mal qui faict de la langue abuser
C'est bien le mal de tous les maux le pire
Et la vertu qui est plus à priser
C'est de sçauoir beaucoup, & de peu dire.

Ronsard au 2. des Amours.

Car ainsi que le vent sans retourner s'en vole
Sans espoir de retour s'echape la parole.

PLAIDEVRS ET LEVRS
exercices.
C. Marot en son enfer.

Là les plus grans les plus petis destruisent,
Là les petis peu où point aux grans nuisent,
Là treuue lon façon de prolonger
Ce qui se doit & se peut abreger.
Là sans argent pauureté n'a raison
Là se destruict mainte bonne maison,
Là bien sans cause en causes se dependent
Là les causeurs les causes s'entreuendent,
Là en public on manifeste & dit
La mauuaistié de ce monde maudit,

Qui ne sçauroit soubs bonne conscience
Viure deux iours en paix & pacience.

PROCVREVRS
Marot audit lieu.

Ce sont criars, dont l'vn soustient tout droit
Droit contre tort, l'autre tort contre droit:
Et bien sonuent par cautelle subtile
Tort bien mené rend bon droit inutile.

PROCES COMPAREZ
aux Serpens.
Marot audict lieu.

Vne maniere il y a de serpens
Qui de petis viennent grans & felons
Non point volans, mais traynans & bien longs,
Ce sont Serpens enflez, enuenimez,
Mordans, maudits, ardens, & animez,
Gettans vn feu qu'à peine on peut esteindre,
Et en piquant dangereux à l'ateindre,
Car qui en est piqué ou offensé
Demeure en fin chetif ou incensé,
C'est la nature au Serpent plein d'exces
Qui par surnom est appellé Proces,
Tel est son non, qui est de mort vn vmbre,
Regarde vn peu en voila vn grand nombre,
De gros, de grans, de moiens, & de gresles,
Plus malfaisans que tempestes ne gresles.

PROCES DESTRVIT VNE
famille.

O trois fois malheureux & quatre fois celuy.
A qui le sort promet de voir les siens & luy
Manger aux aduocats, & mandies leur pain,
Sa femme & ses enfans qui crient à la fin.

PHILOZOPHIE ET SES
excellences.

Ron. en l'hymne de Phyl.

Philozophie à trouué l'ouuerture
Par long trauail, des secrets de nature,
A sçeu dequoy les tonnerres se font,
Pourquoy la lune à maintenant le front
Mousse où corneu , & pourquoy toute ronde
Où demy ronde elle apparoist au monde:
A sçeu pourquoy le Soleil pert couleur,
Que c'est qu'il est ou lumiere ou chaleur:
A sçeu comment tout le firmament dance,
Et comme Dieu le guide à la cadance:
A sçeu les corps de ce grand vniuers,
Qui vont dancant de droit ou de trauers:
Elle connoist comment se fait la gresle,
Comme se fait la neigne & la nielle,
Les tourbillons, les vents, & les oraiges,
Et d'ou se font en l'air ces longs images:
Elle guerit du mal de l'ignorance
Et de vertu donne la connoissance:
Vole aux enfers, & reconnoist là bas
Ce qui est vray, & ce qui ne l'est pas.

Puis reconnoiſt les grans mers fluctueuſes,
Baille des noms aux troupes monſtrueuſes,
Du viel Prothee : & par cent mile façons
Le naturel reconnoiſt les poiſſons:
Elle connoiſt les Tritons & Neptune,
Et pourquoy c'eſt que l'inconſtante Lune
Regit la Mer : elle ſçait les ſaiſons
De ſon train double, & par quelles raiſons
De l'vniuers les grans eſprits qui ventent
Iuſques au fond ſans ceſſer la tourmente:
La terre arpente, & du riuage ardent,
De l'orient iuſques à l'occident
Et de la part de l'ourſe boreale
Sçait la longueur, la largeur l'interuale:
Il n'y à bois, mont, fleuue, ne cité,
Qu'en vn papier elle n'ait limité
Puis elle vient reuiſiter les villes
Et leur donner des polices ciuiles,
Pour les regir par iuſtice & par loix
Faiſant quitter les deſerts & les bois,
Que diray plus? elle à voulu trouuer
Tout art afin de le faire eſprouuer,
Pour ne ſouffrir qu'vn trop engourdi ſomme
Sans faire rien rouillaſt le cœur de l'homme.

HHILOSOPHIE VAINE.
Du Bellay en la lyre
Cheſtienne.

O fol qui ſe laiſſe enuieillir
En la vaine Philoſophie

Dont l'homme ne peut recueillir
L'esprit, qui l'ame viuifie.

POESIE DON DE DIEV
Ron. à l'Abbé de Mureaux

Le dom de Poesie
Est vn don qui ne tombe en nostre fantasie,
Vn don venant de Dieu, que par force on ne peut
Aquerir, si le ciel de grace ne le veut.

POETE ET LEVR
louange.
Guillaume des autels en sa remonstrance.

Les bons Poetes sont fauorisez des cieux,
Et aux hommes ça bas sont truchement des dieux,
Des Poetes iadis l'antique sapience
Mit entre le public & priué difference:
Le prophane & sacré d'ensemble diuisa,
Du mariage saint premiere s'aduisa,
La licence rompit des vagabondes nopces,
Assembla les citez, bastit les villes grosses,
Elle prophetiza, elle fit dans les bois
Dans la pierre & l'airin grauer les saintes loix.

POETES ETERNISENT LA
memoire.
P. de Thiard au solitaire.

Car ils sont faits seuls pour eterniser
La peu durable & deleble memoire,

Et

Et pour le clos du noir tombeau briser,
Dorant l'obscur d'vne luisante gloire.

POETE NATVREL.
Io. du Bellay a Bouuin.

La faueur ambitieuse
  Le Poete point ne suit
  Ny la voix contencieuse
  Du palais qui tousiours bruit.
Il fuit voluntiers la ville
  Il hait en toute saison
  La faulse tourbe ciuile
  Ennemie de raison.
Les superbes colisees
    Les Palais ambitieux.
  Et les maisons tant prisees
  Ne retienne point ses yeux.
Mais bien les fontaines viues
  Mere des petis ruisseaux
  Au tour de leurs verdes riues
Encourtinez d'arbrisseaux.

POETE ESTVDIANT ET
Pœte courtisan,
Ioa. du Baillay,

Ie ne veux que long temps à l'estude il pallisse
Ie ne veux que resueur sur le liure il vieillisse
Fueilletant studieux tous les soirs & matins
Les exemplaires grecz & les autheurs latins.
Ces exercices là font l'homme pleu habile,

I

Le rendent caterreux, maladif & debile,
So███, fascheux, taciturne, & songeard,
Mais nostre courtisan est beaucoup plus gaillard,
Pour ses vers alonger ses ongles il ne ronge
Il ne frape la table, il ne resue, il ne songe,
Se brouillant le cerueau de pensemens diuers,
Pour tirer de sa teste vn miserable vers,
Qui ne rapporte ingrat, qu'vne longue risee,
Par tout où l'ignorance est plus authorisee.
La seule cour luy soit son Virgile & Homere,
Puis qu'elle est (côme on dit) des bons esprits la mere.
La cour le fournira d'arguments suffisans,
Et sera estimé entre les mieux disans,
Non comme ces resueurs qui rougissent de honte,
Fors entre les sçauans, desquels on ne tient compte.

R

RELIGION FAIT FLEVRIR
les Roiaumes.
Ronsard en la remonstrance.

Tout sceptre, & tout empire, & toutes regions,
Fleurissent en grandeur par les religions,
Et par elle ou en paix ou en guerre nous sommes
Car c'est le vray cyment qui entretiët les hommes.

RELIGION REQVISE AV
Prince,
Ron. des miseres du temps.

Il faut en la ieunesse instruire bien vn prince,
Afin qu'auec prudence il tienne sa prouince,

Il faut premierement qu'il ait deuant les y

La crainte d'vn seul Dieu, qu'il soit deuocieux

Enuers la sainte eglise, & que point il ne change

La foy de ses aieux pour en prendre vne estrange

ROIAVTE COMPAREE AVX
choses celestes & terrestres.
G. des Autels en la remonstrance.

La Roiauté n'est point seulement la plus belle

Forme de gouuerner, ains seule est naturelle,

Vn seul Dieu le premier tout ce monde conduit,

Vn seul soleil au ciel sur tous astres reluit,

Le cœur en nostre corps tous les membres adresse

Et la seule raison en nostre ame est maistresse.

ROY ET SON OFFICE
Ron. en l'institution, au Roy Charles ix.

Vn Roy sans la vertu porte le septre en vain

   Qui luy sert de fardeau & luy charge la main.

Il faut premierement apprendre à craindre Dieu,

   Dont vous estes l'image: & portez au milieu

   De vostre cœur son nom, & sa saincte parole

   Comme le seul secours dont l'homme se console.

Apres il faut tenir la loy de vos aieux

   Qui furẽt Rois en terre: & sont là haut aux cieux

   Et garder que le peuple imprime en sa ceruelle

   Les curieux discours d'vne secte nouuelle.

Or sire, imitez Dieu, lequel vous a donné

   Le septre, & vous a faict vn grand Roy courõné,

   Faites misericorde à celuy qui supplie,

I ij

Punissez l'orgueilleux qui s'arme en sa follie.
Ne poussez par faueur vn homme en dignité,
Mais choisissez celuy qui l'a bien merité:
Ne baillez pour argent ny estats n'y offices:
Ne donnez aux premiers les vacans benefices,
Ne souffrez pres de vous ne flateurs ny vâteurs,
Fuyez ces plaisans fols qui ne sont que manteurs,
Et n'endurez iamais que les langues legeres
Medisent des seigneurs des terres estrangeres.
Aiez autour de vous des personnes notables
Et les oyez parler volontiers à vos tables.
Ne soufrez que les grans blessent le populaire.
Ne souffrez que le peuple au grãd puisse deplaire,
Gouuernez vostre argent par sagesse & raison,
Le prince qui ne peut gouuerner sa maison
Sa femme, ses enfans, & son bien domestique,
Ne sçauroit gouuerner vne grand republique.
Pensez long temps deuant que faire aucuns edits
Mais si tost qu'ils seront deuant le peuple mis
Quils soyĕt pour tout iamais d'inuincible puißãce
Car autrement vos loix sentiroient leur enfance.
Ne vous monstrez iamais pompeusement vestu,
L'habillement des Roys c'est la seule vertu.
D'amis plus que d'argent monstrez vous desireux,
Les princes sans amis sont tousiours malheureux.
Punissez vous vous mesme afin que la iustice
De Dieu, qui est plus grand, vos fautes ne punisse.

ROY DOIT DEPARTIR LES
honneurs aux vertueux.
Au Chancelier de l'hospital Poete incertaim.

Vn Roy n'a la vertu qui soit tant bien aymee
Et ne peut aquerir meilleure renommee
Qu'en publiant par tout & monstrant par effect
Que par grace & faueur rien indigne il ne fait.
Et que iuste il depart ses charges honnorables
A ceux que la vertu luy faict recommandables:
Dont l'illustre sçauoir ioint à l'integrité
De la vie & des meurs sa grace ont merité.

ROY DEBONNAIRE.
Ron. au Car. de Lor.

Quand vn prince en grãdeur passeroit tous les dieux
s'il n'est doux & benin, courtois & gracieux
Humain facile, honneste, affable & debonnaire,
il ne gaigne iamais le cœur du populaire.
Vn Roy ne peut auoir à son commandement
De ses propres sugets que les corps seulement.
Nous luy deuons cela soit par zele ou par crainte,
Mais il nest pas seigneur de noz cœurs par cõtrainte
sil veult estre le Roy des cœurs comme des corps
Il fault les aquerit par douceur, & alors
Il aura cœur & corps de toute sa prouince,
Tant l'honneste douceur est seante à vn Prince.

ROY DOIT MAINTENIR
Iustice.
Ioa. du Bellay en ses estats.

Vn bon Roy doit sur tout maintenir la iustice,
Comme celle qui tient chascun en son office,

Qui fait regner les Rois, qui leur septre soustient
Et qui rend à chascun ce qui luy appartient.
La iustice doit estre aux grans Rois venerable,
Comme celle qui sied au lieu plus honnorable,
Aupres de Iupiter, & d'vne iuste main
Balance egalement les faits du genre humain.

ROY DOIT FVIR FLATEVRS
Estienne Iodelle au Roy Henry en ses
mascarades.

Or te faut-il garder toy qui es Roy prudent
De maint flateur subtil, maint flateur impudent
Qui cortizan, de ris, de façon, de harangue,
Coxure mile venins du doux miel de sa langue,
Lequel si tu n'estois vn bon prince aduisé,
Rendroit sur la vertu le vice authorisé.

ROY DE FRANCE A DEVX
sceptres.
B. de Gerard en l'effigie du Roy Henry.

En l'image du Roy sont deux sceptres roiaux
sceptres qui ne sont pas en leurs façon egaux
Car l'vn est pour le regne, & l'autre de Iustice.
Tous deux pour la vertu & contraires au vice.

ROIS ESTABLIS DE DIEV
Ron. es Mascarades.

De l'immortel les Rois sont les enfans
Ils ont par luy leurs lauriers triumphans

Ils font par luy reuerez en la terre:
Ils ont de Dieu le pourtrait sur le front,
Dieu les inspire, & tout cela qu'ils font
Vient du grand Dieu qui darde le tonnerre.

ROY PROSPERE.
Ron. en l'hymne de iustice.

Si vn Roy à vouloir que son regne prospere
Il faut qu'il craigne Dieu : le prince qui reuere
Dieu iustice, & la loy, vit tousiours fleurissant,
Et tousiours void soubs luy son peuple obeissant:
Son ennemy le craint, & s'il leue vne armee
Tousiours sera vaincueur, & la fame emplumee
Viuant bruira son nom, & le peuple en tout lieu
Apres qu'il sera mort l'auoura pour vn Dieu.

ROIS TIRANS, ET LEVR FIN
I. Greuin en sa trag. de Cesar.

Tousiours l'estat des tirans Rois
Est plein de perils & d'effrois,
De meurtres, de sang, & querelle:
Et iamais de mort naturelle
Ils n'allerent paisiblement
Dans le ventre d'vn monument.

RENOMMEE APRES LA
mort.
B. de Gerard sur le trespas du
Roy Henry.

Quand plus vn homme est grãd en vertu & sagesse
En charité, en foy, en iustice, & proüesse
Tant plus il est prisé, & tant plus en mourant
Il laisse long son nom, & son renom plus grand.

I. de la Peruse en ses poesies.

Celuy ne meurt iamais qui vaillant à la guerre
Pour soustenir son Roy est renuersé par terre:
Mais des hommes couards, de crainte demy morts
Vn mesme coup abat & les noms & les corps.

Ioa. du Bellay au Sympose.

Nos iours sont limitez, & nostre courte vie
Ne retourne iamais qu'elle ne soit rauie
Mais par louables faits, son nom perpetuer
C'est l'œuure où la vertu se doit euertuer.

RENOMMEE DES DAMES,
Cl. Marot, aux dames de Paris.

Aussi n'est il blason tant soit infame
Qui sceut changer le bruit d'honneste femme,
Et n'est blason tant soit plein de louange
Qui le renom de folle femme change.
On a beau dire vne colombe est noire,
Vn corbeau blanc, pour l'auoir dit, faut croire
Que la colombe en rien ne noircira,
Et le corbeau de rien ne blanchira.

RAISON DOICT DOMINER
Cl. Marot audit lieu.

Bon est l'ouurier qui ne fit pas egale
Vostre puissance à la volonté male,
Puis qu'en tout temps & en toute saison
Vostre appetit surmonte la raison.

Du Tronchet en ses Missiues.

Plus celuy on estime auec raison valoir
Que lon void esleué sans guiere s'en chaloir,
Qu'vn plus actif, qu'on void sans rene & bride
  aucune
Courir à toute force, ainsi qu'vn Cerf, Fortune.

REMORS DE CONSCIENCE.
Ron. contre les Predicans.

Nous sommes bien meschans, quãd le remors cache'
Dedans nostre estomach, iuge nostre peché:
Et pource du commun la vaine medisance
Ne nous peut offenser, c'est nostre conscience.

RICHESSE, ET SES EFFETS.
Ron. en l'hymne de l'or.

Si quelqu'vn peut loger richesse en sa maison,
Il aura tout soudain toute chose à foison,
Chãps, prez, vin, bois, valets, tesmoins, amis, iustice,
Et chacun sera prest à luy faire seruice.

RICHESSE INCERTAINE.
Ron. aux Mascarades.

L'vn au matin s'enfle en son bien,

Qui au soleil couchant n'a rien,
Par diffaueur ou disgrace,
Ou par vn changement commun,
Ou par l'enuie de quelqu'vn
Qui rauit ce que l'autre amasse.

RICHESSE FILLE
de soing.
Ron. es folastries.

O mere des flateurs, Richesse,
Fille de soing & de tristesse,
T'auoir est vne grande peur,
Et ne t'auoir grande douleur.

RICHESSES EMPIRENT
l'homme.
Poëte incertain en la
saussoie.

Que seruiront grands thresors amassez,
Quand aiant tout on n'a iamais assez?
Comment veut on que biens vertu on nomme?
Puis que par eux il n'est si prudent homme,
Soit par science, ou par sens vertueux,
Qui ne deuienne en fin voluptueux,

REPENTANCE.
Ronsard au deuxiesme des
Amours.

Trop tard on se repend quand on est embarqué.

S

SIGNES DE VENGEANCE
de Dieu.
Ronſard des miſeres de ſon
temps.

Des long temps les eſcrits des antiques Prophetes,
Les ſonges menaçans, les hideuſes comettes,
Nous auoient bien predit que l'an ſoixante & deux
Rendroit de tous coſtez les François malheureux,
Tuez, aſſaſſinez, mais pour n'eſtre pas ſages,
Nous n'auons iamais creu à ſi diuins preſages,
Obſtinez, aueuglez : ainſi le peuple Hebrieu
N'adiouſtoit point de foy aux Prophetes de Dieu,
Lequel aiant pitié du François qui ſoruoie
Comme pere benin, du haut ciel luy enuoie
Songes & viſions, & prophetes aſin
Qu'il pleure, & ſe repente, & s'amende à la ſin.

SONGE.
Greuin en la Trag. de Ceſar.

Le ſonge eſt vn menteur tout preſt pour tourmenter
Cil qui facilement ſe laiſſe eſpouenter.

G. Bouuin en ſa Soltane.

Les ſonges
Ne ſont en mon endroit que friuoles menſonges.

SERVICE DE PRINCE.
Ron. en l'hymne du Roy.

Et pour neant vn homme en danger met sa vie
Pour son Prince seruir, si son Prince l'oublie.

AMIOT.

Qui en maison de Prince entré, deuient
Serf, quoy qu'il soit libre quand il y vient.

SIMONIDES, ET SES DEVX
boettes.
Ron. en l'hymne au Card de Lorr.

Simonides honneur grand des Poëtes
Auoit chez luy (comme lon dit) deux boettes,
Dans l'vne vuide il mettoit seulement
Les grands mercu : en l'autre richement
Il estuioit ce que les mains roiales
Elargissoient à ses vers liberales.
Quand il vouloit quelque chose acheter,
Dessus sa table il faisoit apporter.
Le vaisseau vuide, ou vainement sonnoient
Les grans mercu, que les Roys luy donnoient.
Puis en l'ouurant ne trouuoit enfermee
Qu'vne courtoise & gentile fumée
Lors tout depit les Muses maudissoit,
Et le vaisseau contre terre cassoit.
Mais en ouurant sa boette qui fut pleine
Du bien des Roys, il s'ostoit hors de peine:
Plus courageux au peuple se monstroit,
Et en tous lieux le bon heur rencontroit
Et benissoit la Muse fauorable
Qui le rendoit & riche & honorable.

SCIENCE.
Ronfard, au Bocage.

Repos d'esprit & patience
Sont instrumens de la science.

SCAVOIR PREFERE'
aux richesses.
Ron. en la Bergerie.

Car ny large moisson, ny troupeaux engraissez
Ny blez dans les greniers l'vn sur l'autre amassez,
Ne valent le sçauoir de l'esprit l'heritage,
Par la seule leçon vn homme deuient sage.

SAGES TIENNENT
le moien.
G Bouuin, en sa Soltane.

Nos peres heureux & louables
Ont tousiours gardé le moien,
Et l'egal contre moitoien
Des vertu pures & aimables.
  Car la vertu sainte
  De deux pars enceinte
  Est de trop & moins:
  Dans son centre libre
  Faisant l'equilibre
  De ses deux recoins,

SVRMONTER SOIMESME.
I. du Bellay sur l'entreprise du Roy Dauphin.

Entre les Roys pour grand' vertu lon nomme
L'heur de pouuoir son ennemy dompter
Mais de pouuoir soimesme surmonter
Cela trop plus tient de Dieu que de l'homme.

SEIGNEVR VERTVEVX·
pays heureux.
Poëte incertain.

O combien la prouince est pleine de bon heur
Sur laquelle commande vn vertueux Seigneur:
Et à qui les suiets reiglez par ordonnance
De bonne volonté portent obeissance.

SOLDAT DV PAIS
meillleur que l'estranger.
I. du Bellay aux estats.

Pour vray l'ame & le sang plus volontiers despend
Celuy qui sa pattie & son Prince deffend,
Que l'estranger soldat : dont la foy mercenaire
Combat tant seulement pour sa paie ordinaire.

SVFFISANCE DE RI-
chesses.
Ron. au Bocage.

Quand nostre vie humaine
Longue en santé seroit
Chacun à iuste peine
Des biens amasseroit
Et point n'offenseroit:

Mais pour vie si brieue,
Faut il tant qu'on se grieue
D'amasser & d'auoir?
Matin le iour se leue,
Pour mourir sur le soir.

SOTTISE COMPAGNE
de ieunesse.
Ron. en l'hymne de l'or.

Volontiers la sottise est le propre heritage
De celuy qui sans peine est riche des ieune aage.

SOVHAIT.
I. du Bellay.

Bon vin en mon celier,
Beau feu, nuit sans soucy,
Vn amy famelier,
Et belle amie aussi.

SANTE'.
Cl. Marot.

Doulce santé de langueur ennemie.
De jeux, de ris, de tous plaisirs amie,
Tu es des vieux & ieunes adoree,
Richesse n'est tant que toy desiree,
Et aussi tost que ta presence vient,
Pasleur s'enfuit, couleur viue reuient.
Les vieilles gens tu rends fortes & viues,
Les ieunes gens tu fais recreatiues.

O doux repos, nourrice des humains,
Bien doit chacun t'inuoquer iointes mains.

T

TEMPLE DE DIEV
spirituel.

P. d'Origny au Temple de Mars.

Ne demandez de Dieu en quel temple il habite,
Car son temple, pour vray, est le cœur, qu'il imite:
Ce cœur, ce temple vif, est l'autel acceptable,
Le sanctuaire vray, où Dieu tant redoutable
Reçoit l'humble oraison de l'afligé qui crie
Et de tout son pouuoir luy subuenir le prie.

THEATRE DV MONDE.
Ron. en ses Mascarades.

En gestes differens, en differens langages,
Roys, Princes, & Bergers iouent leurs personnage,
Deuant les yeux de tous, sur l'eschauffaut commun:
Et quoy que l'homme essaie à veuloir contrefaire
Sa nature & sa vie, il ne sçauroit tant faire
Qu'il ne soit ce qu'il est remarqué d'vn chacun.
  L'vn vid comme vn pasteur, l'vn est Roy des pro-
    uinces,
L'autre fait le marchät, l'autre s'egale aux Princes,
L'autre se feint content, l'autre poursuit du bien,
Ce pendant le soucy de sa lime nous ronge,
Qui fait que nostre vie est seulement vn songe.
Et que tous noz desseins se finissent en rien.

Iamais

Iamais l'esprit de l'homme icy ne se contente
Tousiours l'ambition le poinct & le tourmente,
Tantost il veut forcer le temps & la saison,
Tantost il est ioieux, tantost plein de tristesse,
Tantost il est dompté d'amour & de ieunesse,
Contre qui ne peut rien ny conseil ny raison.

La bonté regne au ciel, la vertu, la iustice,
En terre on ne void rien que fraude & que malice,
Et brief tout ce monde est vn publique marché,
L'vn y vẽd, l'vn derobe, & l'autre achete & chãge,
L'vn a blasme en son fait, & l'autre en a louange,
Et ce qui est vertu semble à l'autre peché.

Il ne faut esperer d'estre parfait au monde,
Ce n'est que vent, fumee, vne onde qui suyt l'onde,
Ce qui estoit hier ne se void auiourd'huy:
Heureux, trois fois heureux, qui au tẽps ne s'oblige,
Qui n'est vaincu d'amour, & qui sage corrige
Ses fautes, en viuant, par les fautes d'autruy.

TAIRE LES FAVTES
d'autruy.
Ron. à Ant. de Bayf.

I'ay tousiours celé les fautes
Dont mes amis sont tachez,
I'ay tousiours teu leurs pechez,
Mais non pas leurs vertus hautes.

TEMPS FVYT CON-
tinuellement.
I. du Bellay au Sympose.

K

Comme vn fleuue le temps coule eternellement.
Le fleuue ne se peut arrester nullement,
Ny l'heure : mais ainsi que l'onde pousse l'onde,
Et que premiere à l'vne à l'autre elle est seconde,
Ainsi le temps leger se fuyt, en se suyuant,
Et tousiours est nouueau, car ce qui fut deuant
Vient apres, & ce fait ce qu'il n'estoit à l'heure,
Ainsi iamais le temps sur vn poinct ne demeure.

Ron. au Bocage.

Et toutefoi l'heure s'enfuit
D'vn pied leger & diligent,
Sans que l'esprit trop negligent
Face apparoistre de son fruit.

Remy Belleau en sa Bergerie.

Le temps s'en va, & iamais ne retourne,
Son vol leger tant soit peu ne seiourne,
En vn endroit: les heures aux pieds moux,
Sans y penser se derobent de nous.

Ron. à Monsieur de Foix Ambassadeur du Roy.

Le temps ailé en s'enfuyant ameine
La corruptelle à nostre race humaine,
Et bien qu'au guet soions de tous costez,
Si sommes nous maugré nous emportez
Par le destin, qui toute chose tire:
Ainsi qu'on void la petite nauire

Au fil de l'eau se laisser entrainer,
si l'auiron on cesse de mener.

TREFVE ET SES PROPRIETEZ.
G. des Autels, à Ioa. du Bellay.

Les villes elle sçait faire fortifier
Elle sçait faire vn peuple à vn autre alier,
Pour le rendre plus fort contre ses aduersaires.
Elle sçait faire amas de deniers necessaire:
Pour la guerre auenir, de bardes, de harnois,
De poudres, de canons, de boulets, de longs bois.
Munitions de guerre aux places fortes baille,
Et bonnes garnisons, & si les enuitaille:
Les armes elle forge, elle achete cheuaux,
Et de guerre à loisir elle apprend les trauaux.
Elle sçait pratiquer par secrettes despences
Les seruiteurs d'autruy, & les intelligences.

THEATRE DV MONDE.
Ron. au Card. de Chastillon.

Tout ce qui est enclos sous la voulte des cieux,
N'est sinon vn theatre ouuert & spacieux.
Où l'homme deguisé, l'autre sans faux visage
Ioüe sur l'eschaffaut vn diuers personnage.

  L'vn ioüe auec l'habit d'vn pompeux Empereur,
L'autre d'vn crocheteur, l'autre d'vn iaboureur,
L'autre d'vn mercadant : ainsi la force humaine.
Au plaisir de Fortune au monde se demaine.

TEMPS FVIT CONTINVEL-
lement.   K ij

Ainſi le temps ſe coule, & le preſent fait place
Au futur importun, qui les talons luy trace:
Ce qui fut ſe refait : tout coule comme vne eau,
Et rien deſſous le ciel ne ſe void de nouueau.

V

VERTV ET VICE EN
continuel conflict.
Ronſard des miſeres de ce temps.

Si depuis que le monde a prins commencement
Le vice d'aage en aage euſt prins accroiſſement,
Il y a ia long temps que l'extreme malice
Euſt ſurmonté le monde, & tout ne fuſt que vice.

Mais puis que nous voions les hõmes en tous lieux
Viure, l'vn vertueux, & l'autre vicieux,
Il nous faut confeſſer que le vice difforme
N'eſt pas victorieux : mais ſuit la meſme forme
Qu'il auoit des le iour que l'homme fut veſtu
(Ainſi que d'vn habit) de vice & de vertu.

Ny meſme la vertu ne s'eſt point augmentee:
Si elle s'augmentoit, ſa force fuſt montee
iuſqu'an plus haut degré : & tout ſeroit icy
Vertueux & parfait, ce qui n'eſt pas ainſi.

Or comme il plaiſt aux mœurs, aux Princes & à
l'aage,
Quelquefois la vertu habonde d'auantage,
Et quelquefois le vice : & l'vn en ſe hauſſant
Va de ſon compagnon le credit rabaiſſant,
Puis il eſt rabaiſſé, afin que leur puiſſance

Ne prenne dans ce monde vne entiere accroissance.
Ainsi il plaist à Dieu de nous excerciter.
Et entre bien & mal laisse l'homme habiter,
Comme le marinier qui conduit son voiage
Ores par le beau temps, & ores par l'orage.

VERTV ET SES PVISSANCES.
Ron. contre les Predicans.

La vertu ne se peut en nul lieu enfermer.
Elle a le dos ailé, elle passe la mer,
Elle s'en vole au ciel, elle marche sur terre,
Viste comme vn esclair messager du tonnerre,
Ou comme vn tourbillon, qui soudain s'esleuant
Erre de fleuue en fleuue, & annonce le vent,
Ainsi de peuple en peuple elle court par le monde,
De ce grand vniuers hostesse vagabonde.

VERTV DIFFICILE
à atteindre.
Ron. en l'hymne de Philosophie.

Et certes il ne faut
Penser grauir legerement en haut,
Où la vertu en son temple repose
Sans decharger son cœur de toute chose,
Qui soit mondaine.

VERTV OVVRE LE CIEL.
Ioa. du Bellay en sa Prosphonematique.

La vertu seule, à qui a merité

K eij

Auoir le pris de l'immortalité
Ouure le ciel, & d'vne aile courante
Laisse la terre à la tourbe ignorante.

VERTV A VN PETIT SEN-
tier peu battu.

Ioa. du Bellay, au Card. de Guise.

Le sentier de la vertu
N'est vn grand chemin battu,
Où tous viateurs arriuent:
C'est vn sommet haut & droit
Espineux, & fort estroit,
Aussi peu de gens le suiuent.
　　Heureux qui pour y monter
Tout labeur peut surmonter,
Quelque danger qu'il y voie,
Celuy qui iadis naquit
D'Alcmene, le ciel aquit
Aiant eleu ceste voie.

VERTV AQVISE PAR
labeur.

Loys des Masures à Ronsard.

Les Dieux du ciel ont mis la sueur au deuant
De la haute vertu, à qui la va suiuant,
Pour à laquelle atteindre il conuient que lon sente
Les durs & longs trauaux d'vne penible sente,
Dont trop rude est l'entree aux grans rochers bossus,
Mais quand on est en fin paruenu au dessus,

Elle se rend facile, aisee & plaine, autant
Qu'il y auoit de peine & trauail en montant.

Ron. à Oliuier de Maigny.

Les Dieux ont la sueur deuant la Vertu mise
Et faut beaucoup grimper ains qu'atteindre au som
Du roc, où la Vertu de son temple promet   (met
Apres dix mil ennuis, vne gloire eternelle,
A ceux qui, gens de bien, seront amoureux d'elle.

VERTV SEVL BIEN
L. des Masures aux vers liriques.

Le bien parfait que l'homme attend
Est où la vertu seule tend,
Viuante encor apres la vie:
Tel viure à plus d'heur ne pretend,
Et l'esprit à l'heure content
Contemne Fortune asseruie
Dueil & Enuie.

VERTV CONTRE FORTVNE.
Ron. au Card de Chastillon.

Il faut contre Fortune opposer la vertu,
Et plus auoir bon cœur tant plus on est battu.

VERTV CONSTANTE.
Ronsard aux Odes.

La loy de nature tourne

Rien de ferme ne seiourne,
Diuers vents sont en mesme heure:
Ore hyuer, ores printemps:
Tousiours la vertu demeure
Constante contre le temps.

VERTV CONIOINTE
à Fortune.
Ron. à Monsieur de Foix, Ambassadeur du Roy.

Car la vertu n'est que fable commune,
S'elle n'est iointe à la bonne fortune:
Et la Fortune heureuse ne peut rien.
Si la vertu ne luy sert de soustien.

VERTV SEVR HERITAGE.
Poëte incertain.

C'est vn seur heritage
Que la seule vertu,
Heureux qui en partage
Est d'elle reuestu,
En son entendement
Il a contentement.

VERTV EST RARE.
De la Grauiere pris de B.M.

Le vertueux qui ne fait aucun mal.
Certainement est vn rare animal,
De gens de bien peu le monde s'empare

En peu de lieux est la vertu tresrare

VERTV AIMABLE DE SOY
I. du Bellay au Car. son oncle.

Tout ce qui est hors de l'homme
L'homme le desire, afin
De paruenir à la fin
Que suffisance l'on nomme.
 Mais la vertu estimable
plus que tout l'indique honneur
Pour elle mesme est aymable
Et non pour autre bon heur.

VERTV NE PEVT ESTRE
cellee.
I. du Bellay.

O bons dieux on ne sçauroit faire
Que la vertu se puisse taire,
Bien qu'on brusle de l'obscurcir:
Maugré l'enuie se rend forte,
Et sur le front la lampe porte
Qui seule la peut esclaircir.

VERTV REND L'HOMME
louable apres sa mort.
Ron. aux amours.

 La vertu precieuse
De l'homme quand il vit est tousiours odieuse
Mais apres qu'il est mort chacun le pense vn Dieu,

La rancueur nuit toufiours à ceux qui font en vie,
Sur les vertus d'vn mort elle n'a plus de lieu
Et la pofterité rend l'honneur fans enuie.

VERTV AVEC LES GRANS
Borderie en l'amie de cour.

Certes ie fçay par vràie experience
Que fi vertu & parfaicte fcience
Sont decorans fi bas quelques endroits
Que c'eft autour des princes & des Rois.

VERTV ET BEAVTE.
Ronfard au feigneur Cecille fecretaire de
la Roine d'Angleterre.

Il fait beau voir vne ame qui affemble
Et les vertus & les beautez enfemble,
En mefme corps de tous deux reueftu
Car la beauté n'eft rien fans la vertu,

VERTV VRAIE RICHESSE
& nobleffe.
Ioa. du Bellay a Sal. Macrin.

L'omme vertueux eft riche,
Sy fa terre tombe en friche
Il en porte peu d'ennuy,
Car la plufgrande richeffe
Dont les dieux luy font largeffe
Et toufiours auesques luy.

Il est noble, il est illustre
Et si n'enprunte son lustre
D'vne vistre ou d'vn tombeau
Ou d'vne image enfumee,
Dont la face consumee
Rechine dans vn tableau.
Sil n'est duc ou sil n'est prince
D'vne & d'vne autre prouince
Si est il Roy de son cœur:
Et de son cœur estre maistre
C'est plus grand chose que d'estre
De tout le monde vaincueur.
La richesse naturelle
C'est la santé corporelle,
Mais si le ciel est donneur
D'vne ame saine, & lauee
De toute humeur deprauee
C'est le comble de bon heur.

VERTV VRAY TOMBEAV
de l'homme.
Ronsard en l'epitaphe de monsieur
d'Anguien.

Ta vertu donq seule te sert de tombe
Sans mandier ny plume, ny outils,
Car tout cela qui par la mort ne tomb
Vit par dessus cent viuans inutils.

VERTV ET VICE EN L'HOM-
me sous fiction Poetique.

[Dans les triumphe de Constance, au Prince
de Condé, autheur incertain.

On recite qu'vn Iour par vn demon terestre
L'homme fut for blesse en son costé senestre,
Et qu'apres estre ouuert soudain luy fut osté
Le cœur plain de vertu, qu'il portoit au costé :
Sy bien qu'au mesme instāt qu'il receut la blesseure
De malheur il changea sa premiere nature:
Car au lieu du premier pour lors luy fut donné
Et mis dans la poitrine vn cœur effeminé.

    Ceux qui vindrent de luy acheterent la vie
Sous la condition de mesme maladie:
Ils furent inconstans, & pleins de lacheté,
Et ne connurent point qu'elle estoit verité:
Ils furent aueuglez du bandeau d'iniustice,
Et eurent pour leur Dieu tant seulement le vice.

VERTVS ET LEVR
triumphe,
Au mesme lieu.

La vertu de constance vn iour tout franchement
Monta dessus vn char, dont le soubassement
Fut d'vn ayment carré, qui dās les eaux profundes
Enraché durement auoit batu les ondes,
Les tonnerres, les vens, & le ciel courroucé
Sans estre toutesfois d'vn seul point offencé:
Et la viue iustice en son habit nymphal
Cheminoit conduisant ce beau char triumphal:
La clarté de vertu apparoissoit luisante

A l'entour de son chef, elle estoit bien faisante
Pleine de courtoisie & d'humain entretien,
Et ceux qui la suiuoyent se nommoyent gens de biê.

   Les prisonniers vaincus que trainoit la iustice
Estoient vengeance, enuie, Audace & auarice.

   Dessus le pedestal faisoit sa residence
Ceste grande vertu qu'on nomme la prudence,
De ce qu'elle faisoit rien n'estoit arresté
Qu'elle n'eut pris conseil auec la verité.
Elle estoit preuoyante, & ne mit fondement
Du desseing poursuiuy, qu'en la fin seulement.
Par elle nous prisons l'homme bien entendu,
Et deprisons celuy, qui n'aiant pretendu
A l'honneur qu'on reçoit d'vne telle excellence
Se laisse deceuoir par sa propre ignorance.
Ses esclaues estoient la curiosité,
Couplee par le bras auec legereté

    Au lieu le plus prochain la force estoit assise
Qui auoit brauement la deffense entreprise
Pour la seule equité : ceste dame chassoit
Le bon heur alechant qui là la caressoit :
Elle ne faisoit cas des malheurs ny des pertes,
Ny des difficultez qui luy estoient offertes :
Et estoit bien aisé de iuger à la voir
Que dessus les grandeurs elle auoit le pouuoir :
Elle traynoit aussi en vne mesme lesse
Malice, Trahison, la gloire, & la richesse.

    L'attrempance apparut dessus l'autre costé,
Pleine de modestie & de simplicité,
La gourmandise estoit son esclaue premiere
La Paillardise aussi son autre prisonniere

Qui pour n'auoir voulu obeir à raison
Comme elle meritoit fut mis en la prison.

  I'apperceu trois vertus prochaines de constance
Dont la premiere estoit nommee l'esperance
La seconde estoit foy, la tierce charité,
Filles egalement de l'immortalité.

  Au milieu de ces trois constance estoit posee
Dans la chaire d'honneur, qui estoit composee
D'vn riche diamant, iadis elabouré
Pour la seule grandeur de ce siecle honnoré.
Elle estoit d'vn grand cœur, & peu s'estonnoit elle
De menace, de peur, où d'vne mort cruelle,
Elle n'ouuroit l'aureille aux promesses d'autruy
Dont la pluspart de ceux qui viuent auiourd'huy
Se laissent attirer, comme vn poisson sans force
Suit sous espoir de viure vne trompeuse amorce.

VERTVEVX MERITENT
louenge.
Ron. au sieur de Carnaualet.

C'est vn trauail de bon heur
Chanter les hommes louables
Et leur bastir vn honneur
Seul vaincueur des ans muables.

VERTVS HORS DV
monde.
Ronsard es odes.

Puis que l'honneur, & puis que l'amitié

Puis que la honnte, & puis que la pitié,
Puis que le bien forcé de la malice,
Puis que la foy, & puis que la iustice,
Ont dedaigné ce monde vicieux,
Puis que lon voit tant de foudres aux cieux
En temps serein : auec tant de cometes,
Puis que lon voit tant d'horribles planetes,
Partons d'icy, allons cercher ailleurs
Vn ciel meilleur & d'autres champs meilleurs.

VERTV FARDEE
Ronsard au proces du Card. de Lor.

O cruauté du ciel, ô maligne contree
Où iamais là vertu qu'en fard ne c'est monstree.

VERTV SVGETTE A LA
mort,
R. Belleau aux larmes du marquis
d'Albeuf.

Car la rare vertu ne sçait si bien combatre
Qu'elle puisse fuyr, rompre vaincre où abatre
Le soupson, & la dent, la fureur, & l'effort,
Du poison, de l'enuie, & de Mars & de mort.

VICE DIFORME LES CHO-
ses vertueuses.
Ron. en l'hymne du Roy.

Vne plaisante forme
Par vicieuses meurs bien souuent se diforme
Celluy qui est en guerre aux armes estimé

En temps de paix sera pour ces vices blasmé,
L'vn est bon pour regir les affaires publiques,
Qui gaste en sa maison les choses domestiques:
L'vn est recommandé pour estre bien sçauant,
Qui sera mesprisé, pour estre mal viuant.

VICE ATTIRE L'AVTRE
De la Peruse en la Medee.

Qui vne fois à vice a voulu s'adonner
Vne & vne autre fois ne craint d'y retourner.

VIVRE BIEN ET ESTRE
content.
Ron. à l'Abbé de Mureaux es Meslanges.

C'est vn tresexcelent bien
De viure, & de viure bien:
Faire enuers Dieu son office,
Faire à son prince seruice
Et se contenter du sien.

VIVRE IOIEVSEMENT
Ron. aux mascarades.

Vy Ioieusement la iournee
Et l'heure en laquelle seras,
Et que sçais tu sy tu verras
L'autre lumiere retournee?

VIE BRIEVE,
Ron. es odes.

Et qu'eſt ce que des mortels?
Sy au matin ils fleuriſſent
Le ſoir ils ne ſont plus tels,
Pareils aux champs qui finiſſent.

VIE INCERTAINE,
Ron. es odes.

Nul terme de noſtre vie
Par nous ne ſe iuge pas
Ignorans le iour qu'en bas
Elle doit eſtre rauie.

VIE DE L'HOMME EST
vn ſonge.
Ronſard es odes.

Nous ne deuons eſperer
De touſiours vifs demeurer,
Nous, le ſonge d'vne vie
Qui (bons dieux) auroit ennie
De vouloir touſiours durer?

VIE EN INFELICITE
continuelle.
Ron. aux folaſtries à Muret.

Quel train de vie eſt il bon que ie ſuyne
Afin (Muret) qu'heureuſement ie viue?
Dans les palais il n'y a que proces
Noiſes, debats, & quereleux exces,
Les maiſons ſont de mille ſoucis pleines,

Le labourage est tout rempli de peines,
Le matelot familier du labeur
Dessus les eaux palit tousiours de peur,
Celluy qui erre en vn païs estrange
S'il a du bien il craint qu'on ne le mange.
D'estre indigent c'est vne grand douleur,
Le mariage est comblé de malheur,
Et si lon vit sans estre en mariage
Seul & desert il faut vser son aage,
Auoir enfans, n'auoir enfans aussi
Donne labeur, donne soing & soucy.
La ieunesse est peu sage & mal abile,
La vieillesse est languissante & debile,,
Aiant tousiours la mort deuant les yeux
Donques, Muret, ie croy qu'il vaudroit mieux
L'vn de ces deux, ou bien iamais de naistre
Ou de mourir si tost qu'on vient de naistre.

VIE ET MORT DE
l'homme.
B. de Gerard en l'effigie du Roy Henry apres son trespas.

Pensez à ceste vie, & pensez aussi comme
Doiuět mourir les Rois, & tout prince & tout hŏme
Et que tous les humains ont terme de leur iour,
Et que leur temps passé ne fait iamais retour,
Que les ans vont coulant d'vne prompte carriere
Comme le roide cours d'vne viste riuiere,
Que la mort gette au fons du creux Plutonien
Celuy qui est icy sans qu'il en sente rien,

Que le destin nous tient à dextre ou à senestre.
Et que nous ne pouuons iamais qu'vne fois naistre
Que ce que le soleil ou leuant ou couchant
Voit d'œil clair ou obscur la mort le va fauchant,
De sa meurtriere faulx & la cource de l'aage
Tire tout sur le bout de son cruel pennage.
Croiez encores tous que tant plus vous allez
Auant dans vostre vie, & tant plus vous parlez
Ou riez, ou chantez, ou prenez alegresse
Plus vous vo⁹ approchez du destin qui vous presse.

  Il faut que vous pésiez qu'il faut vn iour mourir
Que tous vos grans plaisirs doiuent fondre & perir
Qu'il n'est rien de certain en ceste pauure vie
Qu'il n'y a que douleur, que malheur, & qu'enuie,
Qu'auarice, qu'erreur, que fraudes que courroux,
Et que tousiours la mort volette autour de nous,
Qui parmi nos plaisirs gette sa faux pointue
Qui nous & nos plaisirs d'vn coup ensemble tue
Et qu'il faut estre prests, car on ne peut sçauoir
Le iour que le destin veut nostre vie auoir.

VIE MALHEVREVSE

L de la grauiere à Pierre beau Temps.

Voicy qui nous fait estre
Pleins de malheur en ce miserable estre:
Biens temporels qui ne sont successifs
Qui faut auoir par labeurs excessifs
Terre infertille & feu qui n'a duree
Tousiours procez & maison maladree
Auoir grand charge en vne republique,

L ij

L'esprit grossier volage & erratique
Corps maladif, fole simplicité,
N'auoir amis de nostre qualité
Auec chacun viure malaisement
Table tenir trop somptueusement:
Nuit sans repoz mais en tout soucieuse,
Femme trop triste ou trop voluptueuse,
Sommeil faisant les nuicts durer long temps
De nostre estat n'estre iamais contens,
Plus haut qu'on nest pretendre & aspirer,
Tousiours la mort craindre & la desirer:
Amy beau temps voila qui nous fait estre
Pleins de malheur en ce miserable estre.

VIE RVSTIQVE PLVS A DE-
sirer que la vie de cour.

Iaques Pelletier en ses œuures poëtiques.

Premierement quand aux champs vous viurez
Des maux de cour vous serez deliurez:
Sy de sçauoir vostre esprit se recree
Le lieu champestre est le seul qui agree:
La connoissez le tour iournel des cieux,
Vous assignez les estoilles des yeux:
Vous retenez en les voyant souuent
Celles qui font chaut, froid, ou pluie ou vent:
Vous y voyez d'herbes varieté,
Et vous souuient de leur proprieté,
Vous contemplez les ouurages parfaicts
Que tant diuers par tout nature à faits.

VOLVPTE,

Herouet en la parfaicte amie au liure 3.

Parmy les fleurs de noſtre humanité
Nature veut ſemer la volupté,
Fille d'amour à laquelle deuons
Sçauoir bon gré de ce que nous viuons,
Vn naturel appetit reſuſcite
Et d'vn commun inſtinɛt tous nous incite
A trauailler ẽ à s'eſuertuer
Pour les humains croiſtre ẽ perpetuer.

VICTOIRE ET SES
conditions.
Ron. au duc de Sauoie.

Victoire auoit de grans ailes dorees
Bien peu s'en faut des Princes adorees:
Son œil eſtoit douteux ẽ mal certain
Son front ſans poil, inconſtante ſa main

VICTOIRE VRAIE
L. des Maſures en ſes vers liriques.

Infame eſt la victoire
Faiɛtes par deceuoir,
Seul eſt digne de gloire
Qui fait bien ſon deuoir
Et qui pour pris auoir
Ne faiɛt menſonge accroire.

VICTOIRE ENTRE LES
mains de Dieu.

I iij

Poëte incertain.

Il tient dedans ses mains des grās Princes les cœurs
Ores les rend vaincus, ores les rend vaincueurs
Donnant à qui luy plaiſt la perte ou la victoire
Auſſi à luy ſeul eſt des haults exploits la gloire.

VBERT PHILIPPE DE
Villiers en ſon Limas.

C'eſt à Dieu qu'appartient la gloire
D'vne glorieuſe victoire
Et l'homme ne doit pas iamais
Soit en temps de guerre ou de paix
Aucune beſongne entreprendre
Qu'à Dieu des vœux ne vienne rendre
Puis venant à heureuſe fin
Luy en rendre grace afin
Qu'il puiſſe en tout endroit & place
Touſiours ſentir ſa prompte grace.

VAINCRE SOYMESMES
G. Bouuin en la Soltane.

Car celle là fait vn plus grand effort
Qui de ſon cœur iré eſt vainqueresse
Que de gaigner quelqu'haute forteresse.

VVLGAIRE
Borderie en l'amie de cour.

Car le vulgaire en ſa ſotte malice
Deuiſe plus de ce que moins entend
Et moins eſt vray plus il s'en va vantant.

VANTEVRS A TABLE
V. de Villiers en son Limas.

Non non, ce n'est parmy les tables
Qu'il se faut monstrer effroiables,
C'est à faire à vn bon guerrier
De marcher tousiours le premier
A tous dangers & à la table
De se monstrer doux & traitable.

VENTRE GOVRMANT
Ron. en l'hymne de Calais.

Ventre ingrat & malin, la cause de tous maux
combien aux hommes, seul, donnes tu de trauaux?

VENGENCE SVIT L'OFFENSE
Ron. au Car. de Lor.

Quand quelque grand seigneur au petit se colere
Bien qu'en dißimulant son courroux il digere,
Si est-ce que son cœur qui se sent outragé
Iamais ne dort content qu'il ne s'en soit vengé

G. Bouuin en sa Soltane.

Assez celluy se venge
Qui son hayneux de tout honneur estrange.

VTILITE MEILLEVRE
que le plaisir.
Ioachim du Bellay en la lyre
Chrestienne.

L iiij

La plaine heureusement fertile
Bien qu'elle soit veufue de fleurs
Vaut mieux que le champ inutile
Emaillé de mile couleurs.

VIN ET AMOVR

Ioachin du Bellay à Bertrand Roger.

Le vin, l'amour confolent
Le trifte cœur de l'homme
Les ans legers s'en volent
Et la mort nous affomme.

VIELLESSE,

Ron. a l'abbé de Mureaux.

L'homme viel ne peult marcher
N'ouyr, ny voir : ny mafcher,
C'eft vne idole enfumee,
Au coin d'vne cheminee,
Qui ne fait plus que cracher.

B. des Periers.

A la vielleffe efuertuee.
Vertu n'eftplus reftituee.

VANITE DE GLOIRE SANS bonne rennommee.

Ronfard au Roy Henry.

En vain certes, en vain les Princes se trauaillent,
En vain pour gloire auoir l'vn à l'autre bataillent,
Si apres cinquante ans fraudez de leur renom
Le peuple ne sçait pas s'ils ont vescu, ou non.

VANITE' DV MONDE,
& repos en Dieu.
Tahureau en ses Dialogues.

Tout ce que l'homme fait, tout ce que l'homme pense
    En ce bas monde icy
N'est rien qu'vn vent leger, qu'vne veine esperãce
    Pleine d'vn vain soucy:
Que pourroit il aussi sortir que vanité
    De nostre race humaine,
Quánd ce n'est autre chose, à dire verité)
    Sinon vne vmbre vaine?
L'homme mortel n'est rien qu'vne simple fumee
    Qui passe tout sondain,
Ce n'est rien qu'vne poudre à tous vents promenee
    Que de ce corps humain.
Où se prendra celuy tant comblé de richesses
    Qui soit content du sien?
Qui ne souffre en son cœur mille & mille detresses
    Pour augmenter son bien?
Mais pauure homme aueuglé, ne vois tu les malheurs
    Que ces grands biens te brassent?
Ne vois tu les dangers, & les tristes douleurs
    Que tes palais embrassent?
Le riche volontiers tousiours du mal endure
    Du soing & des trauaux.

Et puis la pauureté, c'est vne chofe dure
  Regorgeante de maux.
Tout n'eft que vanité : car aufsi bien la mort
  A tous de fa main pale
De terre, apres auoir fait fur nous fon effort,
  Nous fera part egale.
Que fert donq' au fçauant d'auoir la connoiffance
  D'vn fçauoir fi trefgrand,
Et puis qu'il faut qu'il meure auecque fa fcience
  Comme vn autre ignorant?
Son fçauoir ne luy fert que de cent mille ennuis
  Qui rongent fa ceruelle,
Qui troublent fon repos & les iours & les nuits
  D'vne angoiffe eternelle,
Qui plus a de fçauoir, plus dedans fon courage
  Il nourrit de douleur.
Le fçauoir n'eft finon qu'vne bourelle rage,
  Qui tourmente le cœur.
Le fçauant penfe bien viure par fes efcrits
  D'vne belle memoire,
Et bien mille ans apres fa mort gaigner le pris
  D'vne immortelle gloire.
L'autre vient plus hautain eternifer fa vie
  Mourant d'vn braue effort:
Mais, ie vous prie voiez, quelle eftange folie
  De viure par la mort.
Des autres la pluffart qu'vn fi bouillant defir
  De la gloire ne preffe,
Veulent en tout foulas, en ieux, & en plaifir
  Se baigner en lieffe.
L'homme ne fçauroit prendre en vn iour tant d'ebus

Que deuant la soiree
Il ne die en son cœur plus de cent fois, helas!
 Maugreant la iournee:
Et le fol au rebours qui tousiours se tourmente
 Pour peu d'occasion,
De luy mesme bourreau vainement se lamente
 Comblé d'affliction.
Maint piqué vainement d'vn desir trop extreme
 Veut tout voir icy bas,
Il veut connoistre tout : mais le grand sot luy mesme
 Il ne se connoist pas.
Et maint autre ne veut en aucune saison
 Entreprendre voiage,
Il ne desire rien, que seul en sa maison
 Penser en son mesnage:
Et tous deux sont remplis d'vne vaine folie,
 Car l'vn incessamment
Doute de son salut, l'autre genne sa vie
 D'vn auare tourment.
Mille de leur bon gré se mettent au collier
 Du trompeur mariage:
Et les autres iamais ne se veulent lier
 En ce trop long seruage.
Les vns pour leurs enfans ont en leur fantasie
 Mille mordans soucis,
Ou tourmentez en vain d'vn aspre ialousie
 Ils palissent transis:
Les autres vainement adonnez aux amours
 Y consentent leur vie,
Mais vainement deçeus, ils rentrent tous les iours
 En nouuelle folie.

Mille voulans marcher les premiers es Prouinces
    Cherchent les vains honneurs,
Les autres à la cour tachent d'auoir des Princes
    Les premieres faueurs:
Mais tout est vanité: car l'homme ambitieux
    N'a repos en sa vie,
Et cetuy là qui veut estre mignon des Dieux
    Est suiet à l'enuie.
Tout ce que l'homme fait, tout ce que l'homme pense
    En ce bas monde icy,
N'est rien qu'vn vent leger, qu'vne vaine esperãce
    Pleine d'vn vain soucy.
Fuion, donques, fuion ces trop vaine erreurs:
    Dressons nostre courage
Vers ce grand Dieu, qui seul nous peut rendre vain-
    De ce mondain orage: (queurs
Recherchons saintement sa parole fidele,
    Inuoquons sa bonté,
Car, certes, sans cela nostre race mortelle
    N'est rien que vanité.

Autre Poëte incertain.

Qui voudroit bien iuger de tout ce qui se fait
En ce monde inconstant, muable & imparfait,
Qui voudroit regarder cõme tout passe & tourne,
Et comme tout s'en va, & iamais ne retourne,
On verroit aisément qu'en la terre habitable
Il n'y a rien qui soit permanant ne durable.
    On a ouy parler des murs & bastimens
De ce monde vniuers, & des hauts monumens

Des Princes & des Roys : tout cela se defendre
N'a peu contre les ans, & n'est ores que cendre.

Et que sont deuenus de Rome les palais
Bastis & etoffez pour durer vn iamais?
Tant de marbre amassé, tant de iaspre, & d'yuoire
Sembloient bien meriter vne durable gloire.

Et toutefois le temps qui tout ronge & destruit
En si piteux estat si grand cas a reduit,
Qu'on n'y void auiourd'huy que grands places
    pierreuses,
Et pour tous demeurans des mazures poudreuses:
Car ainsi comme Dieu egale par ses loix
Les cases des Bergers, & les palais des Roys:
Dieu l'a ainsi voulu, & de son haut vouloir
Il n'y a ny grandeur, ny richesse ou pouuoir,
Qui s'en puisse exepter, & tous tãt que nous sommes
(Quoy que nous nous flattons) nous ne sommes rien
    qu'hommes:
Et combien qu'ainsi soit, toutefois en ce temps
La pluspart sont si fols, legers & inconstans
Que sans penser à eux, au temps, ny à Fortune,
Qui muable ne peut se monstrer tousiours vne,
La richesse, le gaing, l'honneur, la dignité,
Le credit, la faueur, & telle vanité,
Vont cerchans & suiuans, & sans cesse soupirent,
S'ils ne viennent à bout de tout ce qu'ils desirent.

Chacun en son endroit s'efforce d'y venir,
Et comment que ce soit on y veut paruenir
L'vn par ambition, l'autre par bonne mine
A son but desiré ses labeurs achemine:
L'vn par bien deguiser, bien mentir, & flatter,

Et par opinion vn grand peuple gaſter:
L'autre ſe met aux champs, & ſuiuy de gendarmes
Va tuant & pillant, & s'auance par armes.

Vn autre plus craintif, plus fin, & plus couuert,
Derobe finement pour n'eſtre deſcouuert.

La pluſpart de ſçauoir & de vertu font vice,
Les faiſans inſtrumens de leur grande auarice:
Brief chacun en ſon art, ſoit bon, ſoit vicieux
A chercher ſon malheur ſe monſtre ingenieux:
Car bien ſouuent celuy qui pour choſes ſi vaines
En cent & cent façons a prins infinies peines
S'en trouuant elongné, & ſe trouuant deceu,
Et deceu de l'eſpoir qu'il en auoit conceu,
Lors il pleure & ſe plaint, & crie & ſe tourmente
En vain & ſon labeur & temps perdu lamente.

Au contraire celuy qui en fin eſt venu
A bout de ſes deſſeins, combien qu'il ſoit tenu
Et reputé heureux de l'ignorant vulgaire:
Et combien que chacun s'efforce de luy plaire
Le voiant en honneur & en proſperité,
Si eſt ce qui voudroit dire la verité
Et iuger ſainement ſans craindre de deplaire
Par contradiction au ſimple populaire,
Le riche deuenu ne ſeroit dit heureux
Mais autant que deuant eſtimé malheureux.
Car celuy n'eſt heureux, qui eſt touſiours en doute,
Et qui plus que deuant la fortune redoute,
Qui peut tombant de haut beaucoup plus ſe bleſſer
Que celuy qui n'a peu ſon bas degré hauſſer:
Qui par ſes biens ne peut ſe prolonger la vie,
Et qui plus que le pauure eſt ſuiet à l'ennuie.

Qui n'eſt de maladie exempt, ny de douleur,
Et plus que le pauure eſt eſpié du voleur
Qui peut en peu de temps eſtre deſtruit par guerre,
Ou bien par feu muet, ou bien par le tonnerre.
Qu'on ne die donq heureux celuy qui tant a pris
De peine à amaſſer choſe de ſi vil pris,
Et qui n'a fondement plus ſeur, ny plus durable.
Qu'vne legereté de Fortune muable.

Nature n'a en vain mis en nous vn deſir,
De trouuer à la fin ſeur repos & plaiſir,
Tous nos diuers trauaux, deſſeins, faits, entrepriſes,
Exercices, meſtiers, eſtats, & entremiſes,
Sont ſuffiſans teſmoins de ceſte affection:
Et eſt aſſez monſtré par la deduction
De ce preſent diſcours, qu'en ce muable monde
Qui manque de plaiſir, & de miſere abonde,
Les hommes abuſez y penſent ſans propos
Trouuer vn long plaiſir, & durable repos.

Et puis que ce repos & ce plaiſir durable
Ne peut eſtre trouué en choſe periſſable,
Si quelqu'vn veut, ſuiuant ſon naturel deſir,
S'aſſeurer pour iamais vn repos & plaiſir,
Que ſur Dieu ſeulement il s'appuye & ſe fonde
Sur Dieu qui a de rien baſty tout ce grand monde,
Qui gouuerne, conduit, nourrit, garde, entretient,
Ce que ce grand enclos du monde en ſoy contient.

Et ſi ainſi le fait, il ne craindra ny guerre,
Ny Fortune, ny vent, ny foudre, ny tonnerre,
Tant ſera bien fondé, & n'aura pour tous biens
Que la ſeule vertu, eſtimant moins que riens
Les biens & les faueurs de Fortune empruntees,

Qui nous sont quand Dieu veut fort aisémēt ostees.
On ne sçauroit trouuer repos en autre lieu
Qu'en l'immortalité de l'essence de Dieu.
La terre, l'eau, & l'air, & le ciel est muable
Dieu seul est asseuré, eternel, immuable,

CONCLVSION DE L'OEVVRE,
par les vers de Ioa. du Bellay
au Sympose.

Vn œuure i'ay parfait que le feu, ny la foudre,
Ny le fer, ny le temps, ne pourront mettre en poudre.
Cetuy là qui sera le dernier de mes iours
De mon aage incertain vienne borner le cours,
Quand il plaira à Dieu, qui a toute puissance,
Dessus ce corps, qui est mortel des sa naissance.

FIN.

TABLE DES TILTRE CON-
TENVS EN CE LIVRE PÁR
L'ordre de l'alphabet.

A

M

TABLE

C

D

M ij

E

F

TABLE

TABLE

TABLE

M iiij

TABLE.

FIN DE LA TABLE

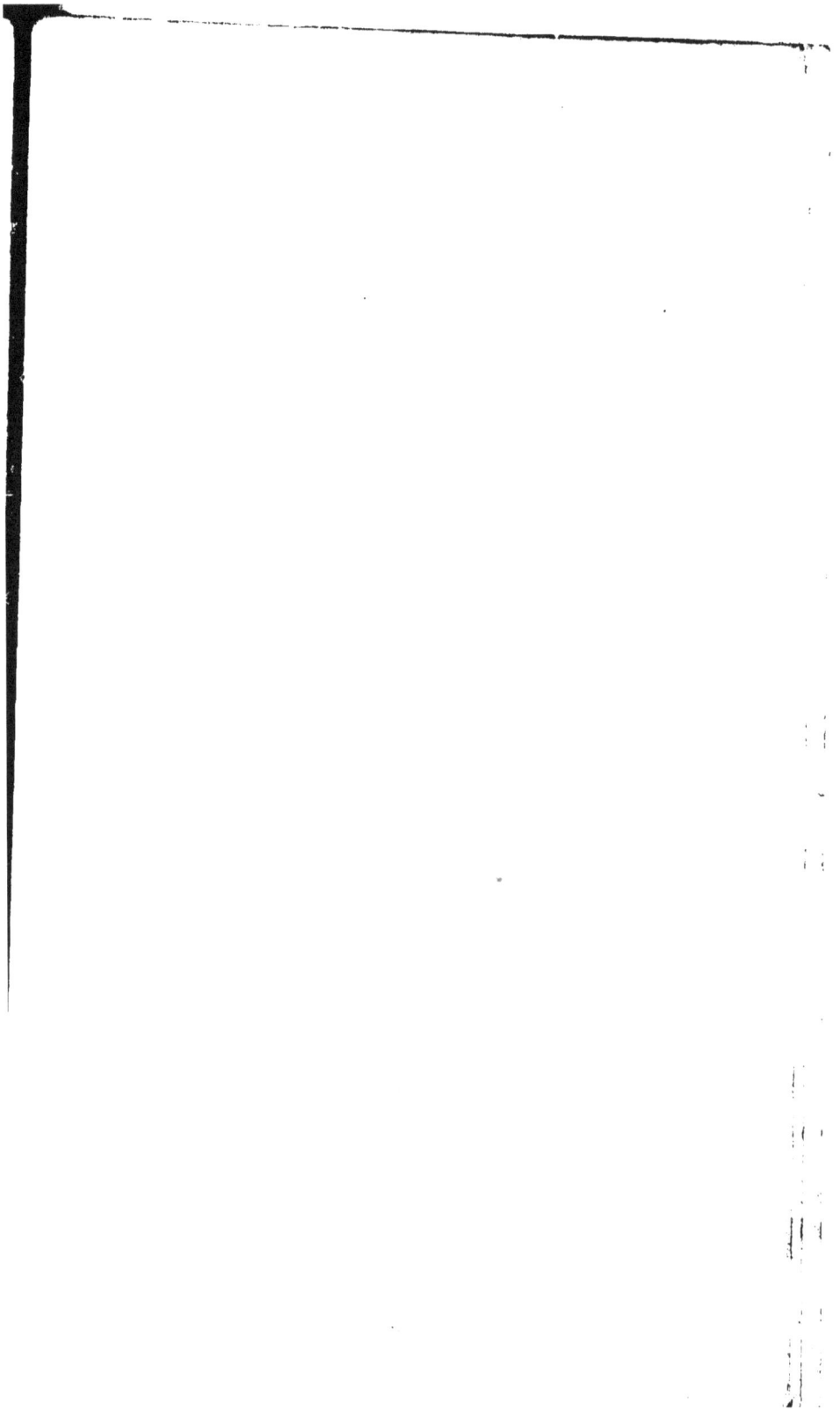

www.ingramcontent.com/pod-product-compliance
Lightning Source LLC
Chambersburg PA
CBHW070621100426

42744CB00006B/572